革命文獻與民國時期文獻
保護計劃

成果

开国盛典

1949

中国第二历史档案馆
馆藏开国大典档案

中国第二历史档案馆 编

THE SECOND HISTORICAL ARCHIVES OF CHINA

国家图书馆出版社

图书在版编目（CIP）数据

开国盛典1949：中国第二历史档案馆馆藏开国大典档案／中国第二历史档案馆编．一
北京：国家图书馆出版社，2019.9
ISBN 978-7-5013-6862-4

Ⅰ．①开… Ⅱ．①中… Ⅲ．①中国历史－现代史－史料－1949 Ⅳ．① K270.6

中国版本图书馆 CIP 数据核字 (2019) 第 205657 号

国家图书馆出版社
官方微信

书　　名　开国盛典1949：中国第二历史档案馆馆藏开国大典档案
著　　者　中国第二历史档案馆　编
责任编辑　殷梦霞　　王　晓
装帧设计　陶　雷

出版发行　国家图书馆出版社（北京市西城区文津街 7 号 100034）
　　　　　（原书目文献出版社 北京图书馆出版社）
　　　　　010-66114536　63802249　nlcpress@nlc.cn（邮购）
网　　址　http://www.nlcpress.com
印　　装　北京金康利印刷有限公司
版次印次　2019 年 9 月第 1 版　2019 年 9 月第 1 次印刷

开　　本　889×1194（毫米）　1/12
印　　张　11.5
书　　号　ISBN 978-7-5013-6862-4
定　　价　380.00 元

庆祝中华人民共和国成立 70 周年

前 言
PREFACE

开国盛典
1949

1949 年 10 月 1 日下午 3 点，中华人民共和国中央人民政府成立典礼在北京天安门广场隆重举行。北京 30 万军民欢聚于此，共同见证这一伟大的历史时刻。中国人民从此站起来了，中国历史翻开了崭新的一页。

开国大典是中华人民共和国举行的第一次国家庆典活动。从此以后，中国共产党团结带领全国各族人民，经过 70 载不屈不挠的艰苦奋斗，历经无数曲折险阻，创造和发展了中国特色社会主义，实现了中华民族从站起来、富起来到强起来的历史性飞跃。

习近平总书记指出："一切向前走，都不能忘记走过的路；走得再远、走到再光辉的未来，也不能忘记走过的过去，不能忘记为什么出发。"

在中国第二历史档案馆（以下简称"二史馆"）馆藏档案中，保存有中华人民共和国开国大典档案文献。其中，中华人民共和国中央人民政府成立庆祝大会筹委会（以下简称"庆祝大会筹委会"）开展工作的相关档案，时间跨度从 1949 年 9 月 20 日至 10 月 23 日，是为开国大典档案的重要组成部分。

1949 年 7 月，中共中央成立了以周恩来为主任，彭真（中共中央政治局委员、北平市市委书记）、聂荣臻（中共中央华北局第三书记、中国人民解放军副总参谋长、华北军区司令员）、林伯渠（中共中央政治局委员、新政协筹备会议代理秘书长）、李维汉（中共中央统战部部长）为副主任的开国大典筹备委员会，专门负责开国大典的筹备工作。筹备委员会拟定开国大典有三项内容：一是举行中华人民共和国中央人民政府成立典礼；二是举行中国人民解放军阅兵式；三是举行人民群众庆祝游行活动。由聂荣臻担任阅兵总指挥，刘仁（中共北平市市委副书记）担任群众庆祝游行活动负责人。开国大典筹备工作主要由中共中央直属机关、华北军区与北平市市委三方共同承担。8月间制订了具体方案并开始准备工作。紧接着，整修天安门广场、训练受阅部队、组织游行群众、准备鸣放礼炮焰火以及天安门广场安全保卫布置等各项筹备工作有条不紊地开展起来。

随着开国大典时间的临近，1949年9月20日，中央有关部门及华北、北平市党政军民各机关团体召开会议，决定成立中华人民共和国中央人民政府成立庆祝大会筹委会，公推聂荣臻为筹委会主任，下设有秘书处、宣传部、布置处、指挥部4个部门。秘书处主要负责处理综合情况、招待来宾、办理文书和交办事项等工作；宣传部主要负责通过报刊、广播、海报和举办演讲、游艺会、文工团表演等形式对庆祝大会进行宣传报道；布置处主要负责布置天安门广场和天安门城楼、安装广场升旗杆与各类大会器材等项工作；指挥部负责指挥调度，包括规划整理阅兵及群众游行队伍、划分会场区域、维持会场秩序、处理应急事件及临时救护等工作。

根据二史馆所藏开国大典档案情况，本书共编为六个篇章，第一篇是庆祝大会筹委会成立及工作档案；第二篇是筹备工作重要档案；第三篇是筹备工作往来函件、通知；第四篇是馆藏开国大典照片；第五篇是庆祝大会财务档案；第六篇是筹委会善后工作等文件。

本书所选编之档案史料，从多方面反映了庆祝大会筹备、进行及善后工作情况，其中包括多份极具价值的文件，如：聂荣臻为庆祝大会筹委会成立事致中共中央、华北局、政协秘书处函件；庆祝大会筹委会印发的"庆祝中国人民政治协商会议成功和中华人民共和国中央人民政府成立口号"；中华人民共和国中央人民政府成立庆祝大会入场须知；天安门城楼悬挂开国大典灯笼图样；庆祝大会各项预决算等等。而庆祝大会筹委会安保档案则直接反映了在当时刚刚解放的北平，面对极其复杂的社会治安形势，为防范国民党潜伏特务的破坏活动和敌机空袭干扰开国大典，保卫新生的人民共和国以及党和国家领导人的安全，庆祝大会筹委会以高度的政治责任感和使命感，做了大量深入细致的工作。例如为护送老年病弱的政协代表安全登上天安门主席台，找寻政治可靠之抬椅工友；为预防敌人空袭，即行清理天安门城楼下防空洞等等。这些档案真实地记录了庆祝大会筹委会紧张有序的工作状态，以独特的角度，再现了开国大典前后许多生动的场景和鲜为人知的细节，是我们今天回顾这段珍贵历史和学界研究中华人民共和国成立史的珍贵素材。

时逢佳期，谨以本书作为中华人民共和国 70 周年华诞献礼，并飨读者。

本书编委会

2019 年 9 月

凡 例
NOTICES

开国盛典
1949

一、本书收录中国第二历史档案馆馆藏档案共 79 件，按原件影印出版。

二、根据文献内容，全书分为六篇，各篇内文件大致按时间顺序排列。

三、本书选收档案均由编者根据内容撰写题名。题名由发文者、事由、受文者、档案文种、时间等要素组成（如原档有缺失则不著录）。本书所刊档案原文中，存在公元和民国两种纪年方式，在著录时间时统一为公元纪年。

四、除部分表格、清册、照片外，收录档案均全文照录。为保持档案原貌，原文中存在的不符合现代文书用语之处，均未予改动。另外，公文流转过程中产生的文字（如"已缮发"等）不予著录。

五、原档中的讹字、别字以及人物姓名、专有名词等误写之处，录文时均用[ ]加以纠正或说明；难以考证或未能辨识之处，则以□代替。此外，有些在当时可以通用的字词则照录，不另加标注或说明。

六、本书之整理编纂虽经多方考订，仍难免有漏误之处，尚祈方家斧正。

目 录
CONTENTS

开国盛典
1949

第二篇
筹备工作重要档案

第三篇
筹备工作往来函件、通知

第四篇
馆藏开国大典照片

第五篇
庆祝大会财务档案

第六篇

筹委会善后工作等文件

开国盛典
1949

第一篇

庆祝大会筹委会成立
及工作档案

1. 庆祝大会筹委会主任聂荣臻为庆祝大会筹委会成立事致中共中央、华北局、政协秘书处报告稿

（1949年9月21日）

为了热烈而隆重的庆祝中华人民共和国及中央人民政府成立，华北、北平市党政军民各机关团体（并有中央有关部门参加）于九月二十日假北平市人民政府召开了首次会议，决定成立"中华人民共和国中央人民政府成立庆祝大会筹委会"，并经会议公推华北局聂荣臻同志为主任，副主任及各部、处负责单位均于会上推选决定（见附件一 会议记录摘要）。今将会商所议之大会程序草案（见附件二）及各部处预算全份（见附件三）送上，请审阅核定。

专此呈报

此致

中共中央

华北局

政协秘书处

写四份。

聂荣臻

九月二十一日

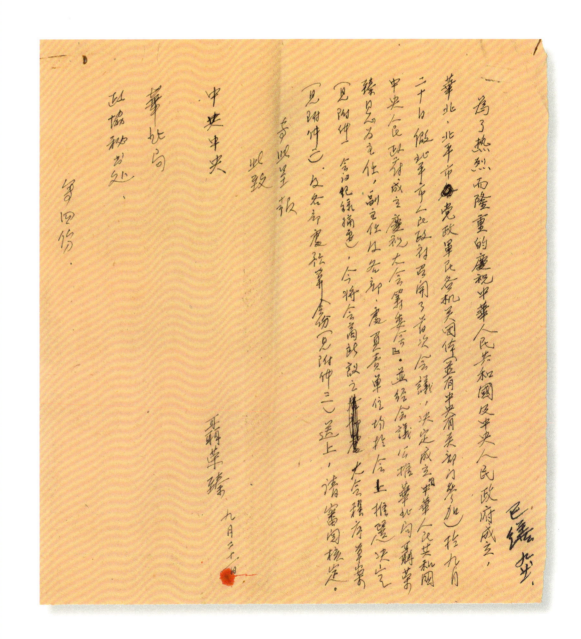

2. 民主建国会北平市分会为派丁佑迪
   参加会议事致中央联合政府筹备会
   秘书处函
   (1949 年 9 月 21 日)

　　兹派本会理事丁佑迪前往贵处报到，
参加会议。此致
中央联合政府筹备会秘书处
　　　　　　　民主建国会北平市分会启
　　　　　　　　　　　　九月廿一日

艾志诚同志　住远东招待所五十八号
　　　　　　电话三・一五三六号

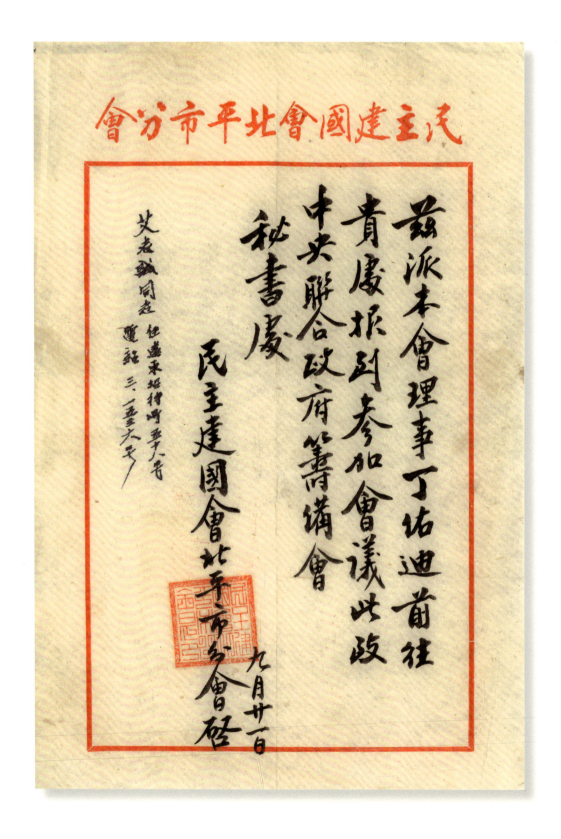

3. 民主建国会北平市分会为派祝士常
　 等参加工作事致中央政府成立庆祝
　 大会筹委会秘书处函

　 (1949 年 9 月)

　　　兹有本会会员祝士常、金振铎、郝文
启前往报到，希请派予工作为荷。此致
中央政府成立庆祝大会筹委会秘书处
　　　　　　　　民主建国会北平市分会启

民建会电话：5·1897
祝士常电话：7·0028

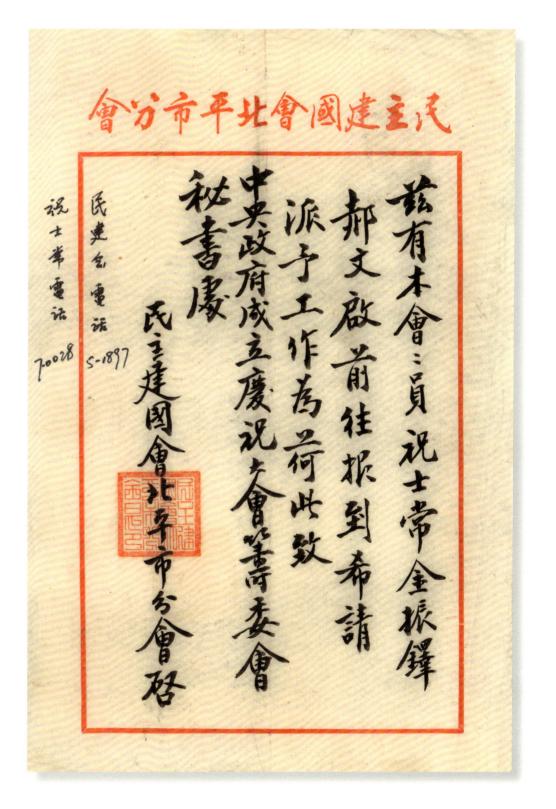

4. 庆祝大会筹委会秘书处第一次会议记录

(1949 年 9 月 21 日)

中央人民政府成立庆祝大会筹委会秘书处第一次会议

时间：九月廿一日午后四时

地点：本会办公处

出席单位：市委行政处冯新　　军管会杨士珩　　民主建国会市分会丁佑迪　　华北人民政府王培智　　市府佘涤清　　中苏友好协会曾平　　总工会刘志　　北平市商会王兆民、孙星垣　　北平市人民政府新闻处刘向勃

主席：市府佘涤清（报告略）

决议：

一、本处机构组织：设处长、副处长各一人，内分总务、文书、联络、新闻四组，并设秘书三人，干事若干人。

二、人选：

1. 正副处长由总工会、市府分任。

2. 总务组由市政府、市商会、民主建国会担任。

3. 文书组由总工会、中苏友好协会、华北政府担任。

4. 联络组由军管会、市委会担任。

5. 新闻组由市政府新闻处担任。

6. 秘书由市政府指定二人、总工会指定一人担任。

三、车辆：

1. 市政府、市委会、华北政府各借出自行车一辆，经常由本会使用。

2. 运送卡车临时调用，需用时向华北人民政府、市政府、市委会调用。

四、交通工具：由秘书一人负责调配。

五、职员伙食津贴：供给制人员经常不能回原机关吃饭者，可将伙食费领出，自行在外零吃，不敷之数由本会每餐补助二百元；薪金制人员以下班自行吃饭为原则，临时因公忙不能下班吃饭者，每餐由本会津贴四佰元。

六、下次会议：下礼拜一下午三时，仍在本会办公室开会，并检查工作进行。

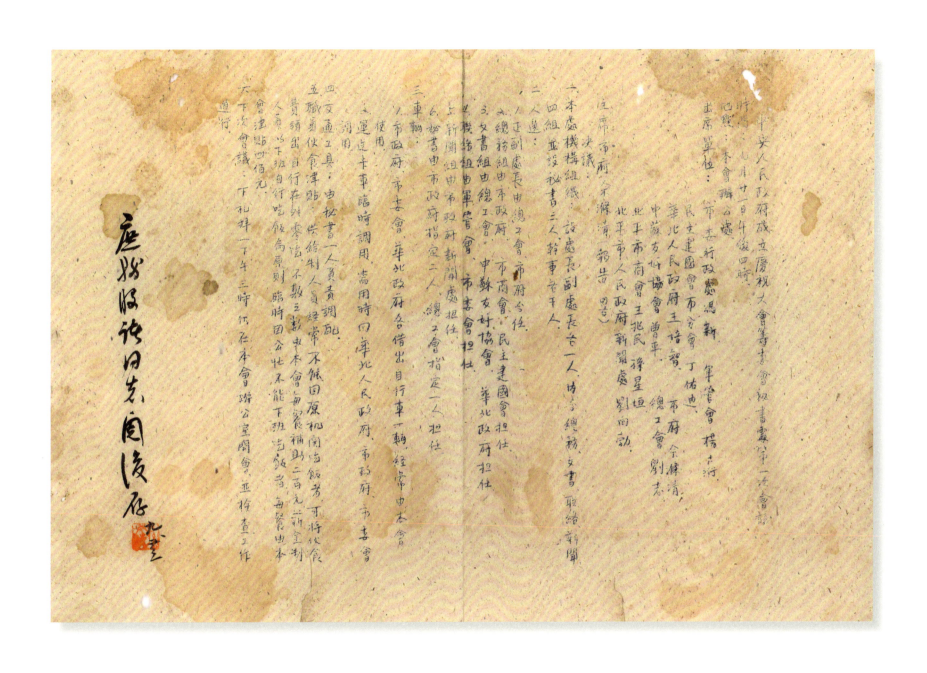

中共人民政府成立慶祝大會籌委會級書記處第一次會議

時間：九月廿一日午後四時

地點：本會辦公處

出席單位：市委行政處恩新　軍管會　楊大行
民主建國會市分會　丁佑曲、
華北人民政府主席賀（培貞）、市府余績清、
中蘇友好協會曾平、總工會劉志、
北平市商會王兆民、孫星垣、
北平市人民政府新聞處劉向動

主席：市府（余績清）　報告（曲醫）

決議：

一、本處機構組織：設處長副處長各一人，內含總務文書、聯絡新聞
四組，並設秘書三人、幹事若干人。

二、人選：
1. 正副處長由總工會市府分任。
2. 總務組由市政府、市商會、民主建國會擔任。
3. 又書組由總工會、中蘇友好協會、華北政府擔任。
4. 聯絡組由軍管會、市委會擔任。
5. 新聞組由市政府新聞處擔任。
6. 秘書由市政府指定二人，總工會指定一人担任。

三、車輛：
1. 市政府、市委會、華北政府各借出自行車二輛，經常由本會
使用。
文運送卡車臨時調用，需用時回華北人民政府、市委會
調用。

四、交通工具：由秘書一人員責調配。

五、職員伙食津貼，供給制人員經常不領回原機關吃飯，方可將伙食
費頭由自行在外零吃，不敷三款由本會每餐補助二百元；新金制
人員以下班自行吃飯為原則，臨時回公牛不能下班吃飯者，每餐由本
會津貼四佰元。

六、下次會議：下午和禮拜一下午三時，在本會辦公室開會，並檢查工作
進行

（落款簽名）
庭将暇惟日先国後在（印章）

5. 庆祝大会筹委会秘书处为开展工作
　　事致布置处、宣传部、指挥部函稿
　　（1949 年 9 月 22 日）

　　本会各部处工作，为密切联系，并随时作全般检查以便相互配合起见，拟请各部处实行工作日记。根据工作日记，每三日由各部处负责人举行工作汇报，并将逐日日记于汇报时带交秘书处一份，以便由本处汇报正副主任及秘书长，了解工作进度，便于检查。除汇报日期另行通知外，特此函达，即希查照办理为荷。此致

布置处
宣传部
指挥部

秘书处启
九月廿二日

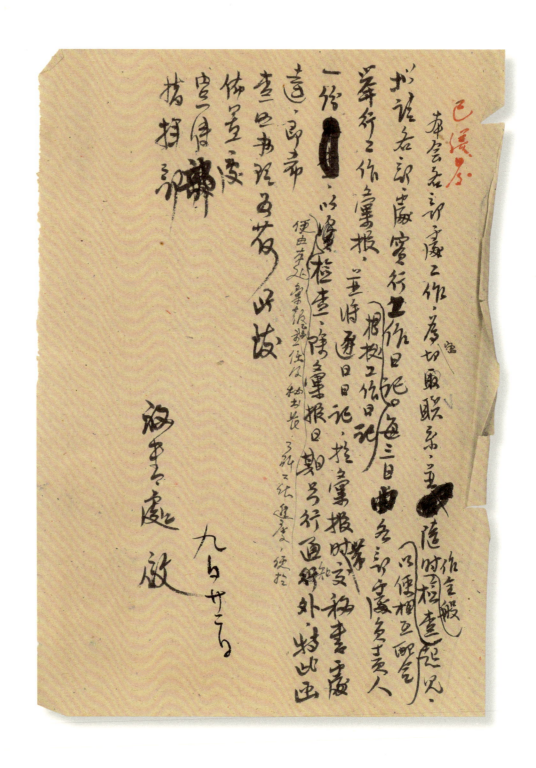

6. 庆祝大会筹委会布置处为发放职员证事致秘书处便函

(1949年9月22日)

本处又由建设局约请来唐肇文、雍正华、王颐和、鲁掖等四位同志，请再发给职员证四枚，以资佩带。此致
秘书处

中华人民共和国中央人民政府成立
庆祝大会筹委会布置处
九·廿二

准备肆枚候领。

夏允恭
九·廿二

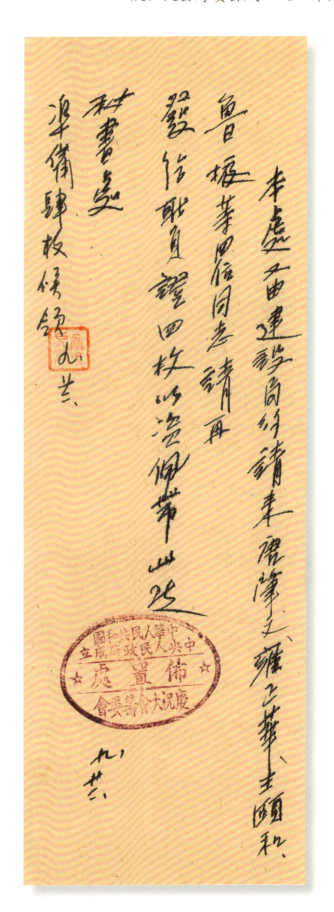

筹委会宣传部工作计划

一、为了广泛深入地有组织有计划地进行这次宣传工作，我们按照群众组织系统和不同的工作性质，分别的建立了宣传部的领导组织：

7. 庆祝大会筹委会宣传部工作计划

以上组织设正副部长、正副组长，各组皆由必要的有关工作部门共同参加，以便统一布置和集中领导。

二、全部宣传工作分为三个阶段：

①庆祝大会之前，自二十二日起按照各组织系统，把全部工作计划普遍深入传达布置，进行思想动员和准备，并逐步地开展群众的庆祝宣传行动。

②大会与放假三天期间，做为宣传运动的最高潮，把一切可组织可动员的宣传力量全部投入，使全市群众都能参与这次庆祝，表示人民的欢欣鼓舞。

③大会之后，为了深入教育，仍须有计划有重点地举行讲演会和报告会。

三、除了各组织系统的既定工作外，宣传工作的重点有这样几件：

①印制小型传单、标语、口号共十万份，修改原有三处大标语，建立前门新型大标语。

②组织卡车20辆的大宣传队一队，包括广播、讲演、秧歌、腰鼓、乐队、街头剧，集中于两天时间，分地区地有计划地进行活动。

③使用音乐堂组织二天游艺会，每天下午和晚间两场，包括话剧、旧剧、歌剧、曲艺杂技，并酌售门票，以免人数过多，秩序杂乱。

④动员组织旧艺人，充分使用天桥各游艺场所，举行一次三天或五天旧形式新内容的游艺展览。

⑤第一天群众大会因少市民参加，因此为了市民情绪的鼓舞，第二天于北海公园举行一次烟火会，烟火场设于海中心。

⑥全市举办政协代表讲演群众大会十二场（包括工人、学生、市民）。

⑦请各文工团组织四个大秧歌队在四城活动，每队二百人。

8. 庆祝大会筹委会总务组庶务股工作日志

(1949年9月19日—9月29日)

筹备会总务组庶务股工作日志

九月十九日

一、派员持府函赴电信局洽商装安电话两具事。

二、联系各方面借妥中国营造学社房屋六间，并打扫收拾房间。

三、勘查装安电灯事。

九月廿日

一、本日装五局四六七二、四六六九临时电话两具。

二、装安临时电灯拾贰盏。

三、借用中国营造学社木器等四十件。

四、借用中山公园木器拾壹件。

五、采购文具纸张什物等项。

六、租赁大会应用桌子五十张、椅子五百个、方凳三百个预租事。

七、查记中国营造学社电表，当日截止用电度数为四二六一度。

九月廿一日

一、借用市府棹[桌]椅板凳等贰十六件。

二、借用故宫桌凳等捌件。

三、本日起由中国营造学社借来小火炉一具，购煤生火煮饮水。

四、采购文具纸张并开始登记收发物品。

九月廿二日

一、本日编制借用家具清册及号签。

二、借用市府挂钟脸盆二件。

三、采购与收发文具纸张事项。

四、制发职员识别证五十枚。

筹备会总务组庶务股工作日志

九月十九日
一、派员持证件赴电信局洽商紫竹院等电话装机事。
二、联系各方电信处中国营造学社房屋心间室打扫收拾房间。
三、勘查紫竹院打扫事。

九月廿日
一、车□紫竹院四六七三、四二三九临时电话两具。
二、紫竹院临时电话拾五架。
三、借用中国营造学社木兰表四十件。
四、借用中山堂古园木兰拾事件。
五、择雄及具线独钉物子呀。
六、租赁大会会场用紫竹五十地、桥子三五□、方凳三五□预租事。
七、查记中国营造学社电表号□截止用电度数为四二六一度。

九月廿一日
一、信用市村桦桥柏桨子五十六件。
二、借用故宫棠桨子捌悖。
三、车□鄂申口营造学社信素小火炉一具 婶樣坐火煮饭水。
四、择雄及具线地卉闹统外扎的黄物等。

九月廿二日
一、车□编制信用徐备信册及说签。
二、借用予付挂镫脸至二件。
三、择雄水钉黄及具线地钉呀。
四、制荒城员送刻记五十枚。

九月廿三日
一、续制城员送刻记五十枚。
二、制做修时服务扎叁十枚。

九月廿三日

一、续制职员识别证五十枚。

二、制做临时服务证叁十枚。

三、点贴借用各部门家具号签。

四、本日起开始订阅人民日报三份。

五、采购与收发文具纸张事。

九月廿四日

一、制做存车牌五十对。

二、续制临时服务证贰十个。

三、赴贸易公司及同义诚 [成] 商行接洽大会汽车汽油事。

四、采购与收发文具纸张事。

九月廿五日

一、购妥汽油贰大桶计一〇六加仑，存储同义诚 [成] 油泵（五十万元）。

二、制订大会汽车取油证、行驶派遣表、汽油领条等。

三、建立筹备会临时存车场。

四、采购与收发文具纸张事。

九月廿六日

一、设计大殿围屏糊裱与用纸。

二、采购与收发物品。

九月廿七日

一、订制佩条：

红缎□、粉红缎四十、白布卅个——台上的

黄缎□、米色缎□、黄布四十——台下的

825 个

二、购漂白桌布叁匹。

三、订制联、纠、符号一二六五个。

四、计划估价做区域牌四十七个。

五、为指挥部准备大白壹百斤、工人五名、水呼 [壶] 贰个。

九月廿八日

一、联系（与市府）借沙发三套、屏风四个、大地毯一、小地毯三个。

二、由市府接待科借来兰印台一个、红印泥一包、黑印泥一盒。

三、采购与收发文具纸张等。

四、计划大殿布置事项。

五、续印信封三百五十个。

六、续制黄绸条七十个。

三、开始储用各部门供洗答。

四、车夕款闭始行闭人民以权三份。

五、择译收取黄之具待独事。

九月廿四日
一、续製做存车烊子时。

二、製做存车烊子个。

三、赴画择译大会汽车汽油事。

四、择译收取黄之具续行车。

九月廿五日
一、续妄汽车式大桶计一○以加命有饰用义诚油烧原（三千万之）。

二、由圆製订大会汽车饰油地妆行驶游道表汽油饰桌等。

三、建立院饰存车塲。

四、择译收取黄之具续地事。

九月廿六日
一、製佛桌　红绫小开，粉红绫烊，白布㕷
黄绫烊汴，米色绫烂，黄布汴

二、赚製候桌　红绫烊，符子三志五個

三、方製候桌符子三志五個

四、计到佐作做区域辟的尤夕
　　五、西指挥针半倘大白票夕汴三之五志九

九月廿七日
一、設计大戲围屏棚拣地用绫

二、择译写收荒物答

九月廿八日
一、候系（采市者）倘以黄三套、席念の绸、大地毯一、小地毯三個
二、由市对拷特料倘东盖即至一个、红印泥一盒、黑印泥一盒、
三、择译地收黄之具线建甘
四、计划地大阖饰桌事项

———— 九月廿九日

一、制工作人员 140，又增 60，计 200 条。招待员 30，记者 100，观礼 240。

二、赴市府借家具地毯。

三、布置主席台。

四、购买办公用品纸张等。

五、做石碑壹具。

六、催送租赁家具。

七、增加茶桌及八仙方桌。

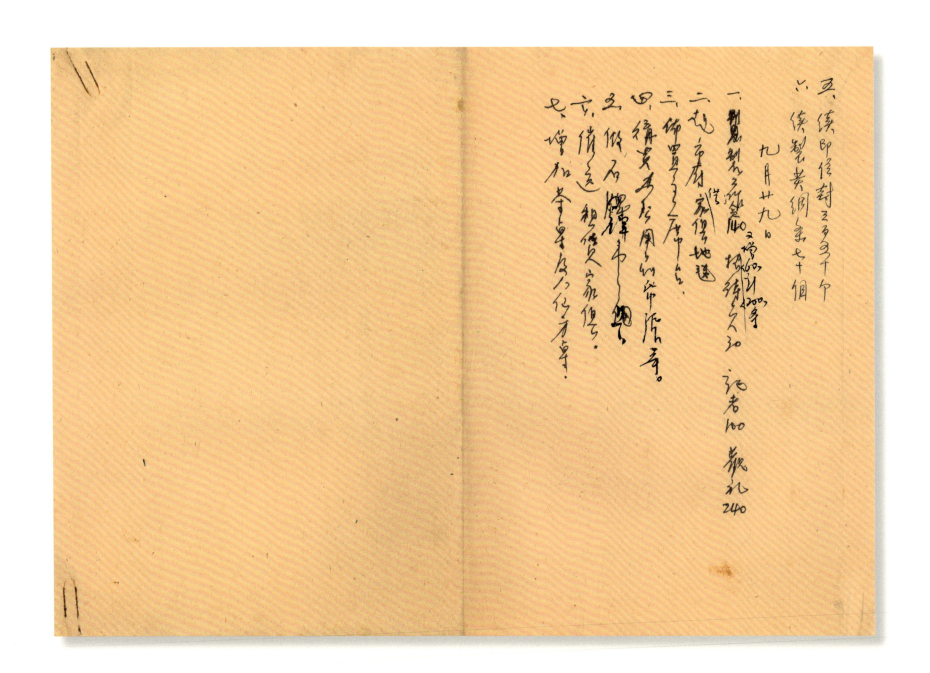

9. 庆祝大会筹委会秘书处签到簿

(1949 年 9 月 21 日—10 月 10 日)

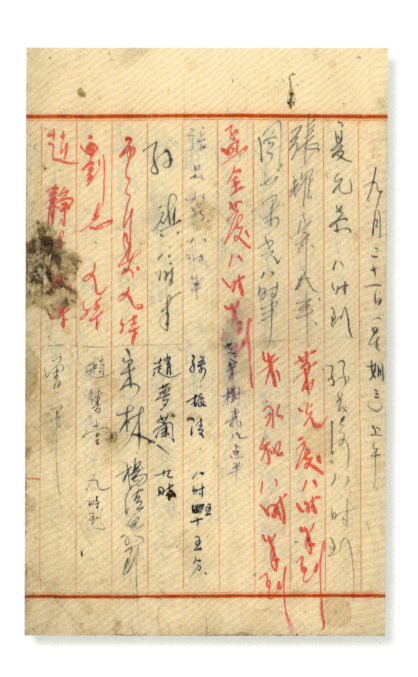

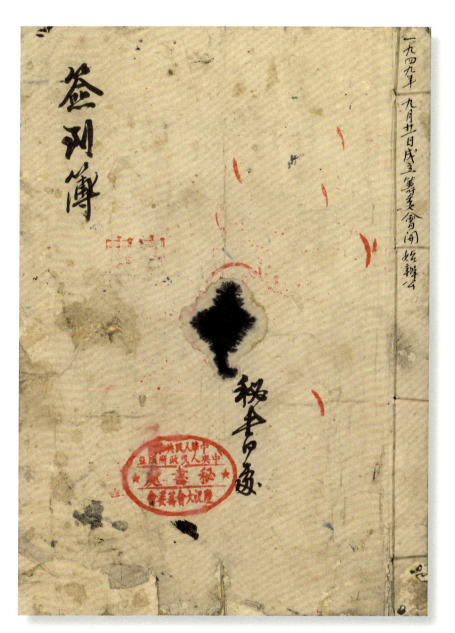

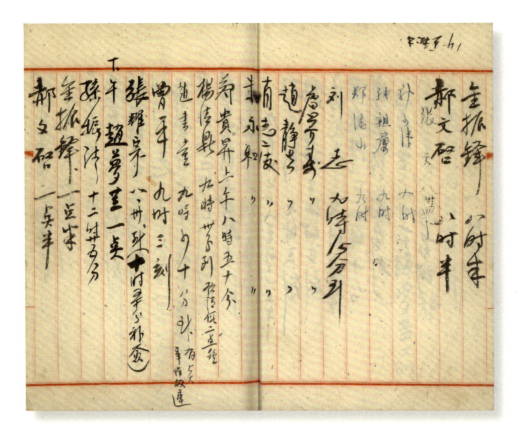

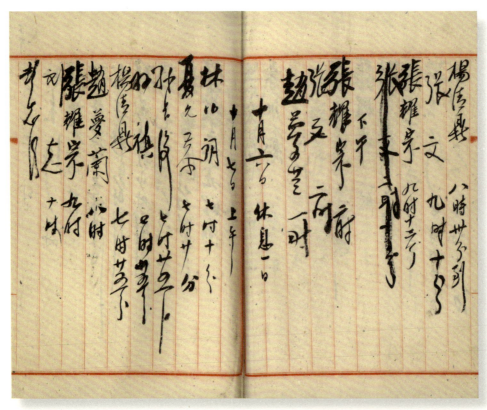

下午

夏光荣 一时

种长江 一时

赵梦禹 一时

杨清新 八时到

孙立南 八时到

夏元荣 八时到

彭志民 八时半到

张耀宗 九时半

张耀宗 九时

赵长南 八时到

杨清新 八时到

十月九日上午

杨清新 八时到

十月十日上午

开国盛典
1949

第二篇

筹备工作重要档案

10. 庆祝大会筹委会为请分发《入场
　　须知》至各报社刊登事致北平市
　　人民政府新闻处函稿
　　(1949年9月28日)

市府新闻处负责同志：

　　送上庆祝中央政府成立入场须知二十
份，请即分发各报社，于九月三十日报纸
刊登为荷。

　　此致

敬礼

　　　　　　　　　　　大会

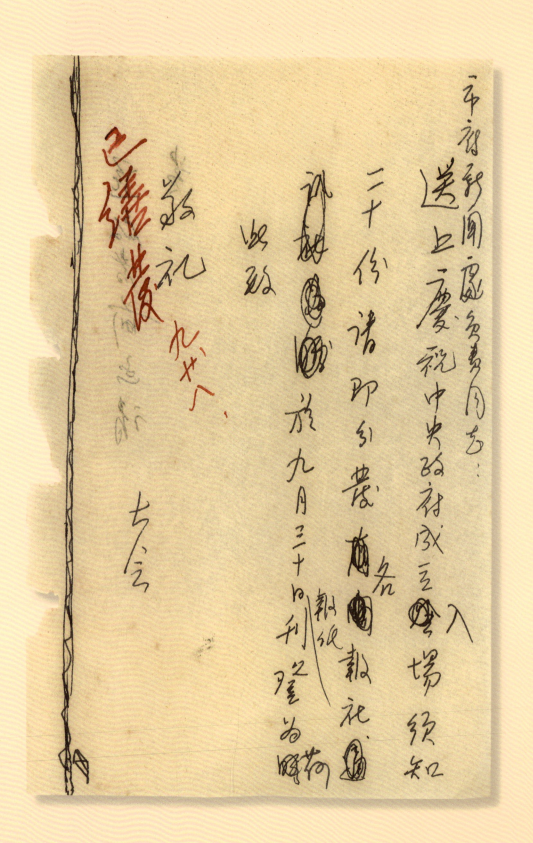

11. 北平市人民政府佘涤清为开国大
典纪念章图样之选定及修改意见
事致庆祝大会筹委会曾平函
(1949 年 9 月 29 日)

12. 中华人民共和国中央人民政府成
立纪念章

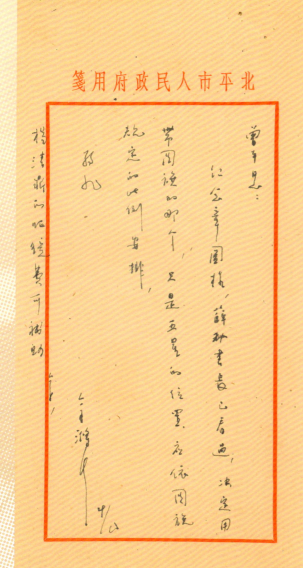

曾平同志：

    纪念章图样，薛秘书长已看过，决定用带国旗的那个，只是五星的
位置，应依国旗规定的比例安排。

    敬礼

佘涤清

九·廿九

13. 北平市市委书记彭真为赶刻人民
英雄纪念碑奠基碑文事致北平市
人民政府秘书长薛子正便函

(1949 年 9 月 29 日)

薛秘书长：

　　请今晚即找工人按此文刻石，明日下
午二时后即举行奠基礼。

彭真

九月廿九

　　纪念碑
　　在中国人民解放战争和中国人民革命
中牺牲的人民英雄们永垂不朽！

中国人民政治协商会议

第一届全体会议立

一九四九年九月三十日

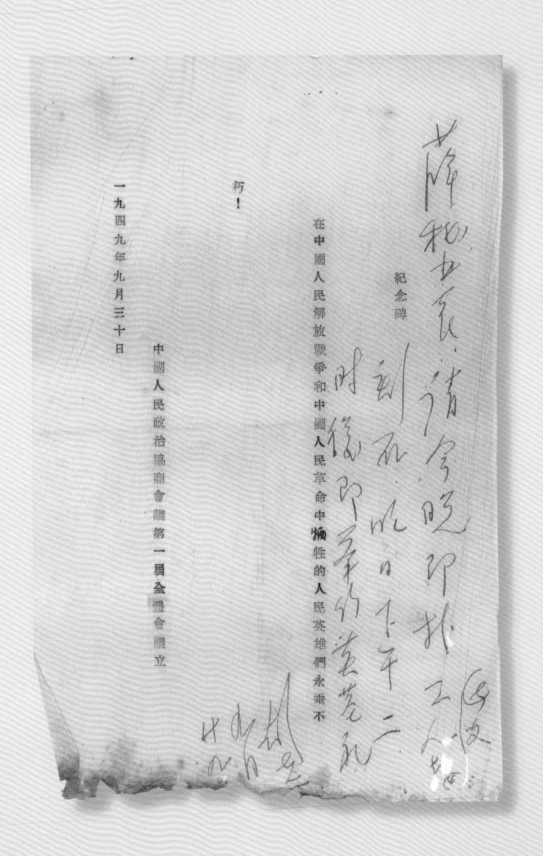

14. 中华人民共和国中央人民政府成立庆祝大会及阅兵典礼请柬

（1949 年 9 月 30 日）

为庆祝中华人民共和国中央人民政府成立，谨定于十月一日下午三时在天安门举行庆祝大会及阅兵典礼。敬请

台端届时驾临为荷。

此致

先生

中华人民共和国中央人民政府成立

庆祝大会筹委会谨订

一九四九年九月三十日

為慶祝中華人民共和國中央人民政府成立謹定於十月一日下午三時在天安門舉行慶祝大會及閱兵典禮敬請

台端屆時駕臨為荷

此致

先生

中華人民共和國中央人民政府成立慶祝大會籌委會謹訂

一九四九年九月三十日

15. 庆祝大会筹委会关于开国大典国旗比例及灯笼数量的便签

(1949 年 9 月)

一、旗子比例按照规定画（五星位置按规定比例）。

二、天安门上是十个柱子，八个灯笼。

16. 天安门城楼悬挂开国大典灯笼图样

缩制标准　　做成凸出之立体状，灯上之字亦可改为金色。

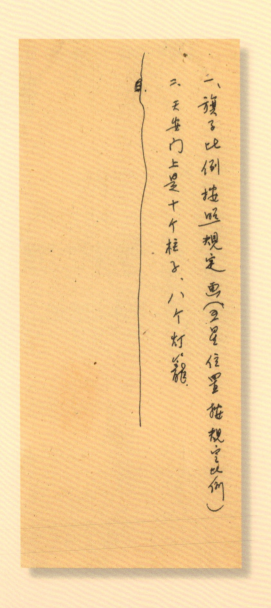

17. 中华人民共和国中央人民政府之印

18. 中华人民共和国中央人民政府成立庆祝大会入场须知

中华人民共和国中央人民政府成立庆祝大会入场须知

一、大会设总指挥部及工人、学生、机关、农民、行政区等分指挥部，直接指挥队伍。

二、入场队伍应服从指挥，保持整齐严肃。

三、不带锣鼓，不化妆，不组织秧歌队，队伍迅速向会场进行。

四、各单位选领队一人，副领队若干名，自制一红色臂章，上写领队副领队字样，套于左臂上，领队列于队前率领队伍入场。（另设纠察及联络员若干人。负责维持自己队伍的秩序）

五、领队事先准备一表格，如下图：

单位名称	
总 人 数	
领队姓名	

预先填好，入场时交入口分指挥部。

六、指挥部设有纠察，联络，及特别联络员若干人，以维持会场秩序，队伍入场后，即应听其指挥，特别联络员系总指挥部直接掌握之联络员，由其传达之意见（口头，文字），各分指挥部应遵照执行。

七、由纠察或联络员领队入场，到指定地区后，应即整理队伍，严守秩序，不得任意离队。

八、自行车不得入场（指定之特别联络队例外）。

九、凡大小汽车一概不得入场（指挥车、救护车、阅兵部队车例外）。

十、除规定带武器者外，一律不得携带武器。

十一、各单位自备干粮、饮水（会场设有自来水，身体健康者可饮用）。

十二、如有临时事件发生，应保持镇定，纠察员负责维持秩序，听候指挥部处理之。

十三、提灯游行时，队伍由南向北出动，经东西三座门分向东西两方前进，东到王府井南口，西到府右街南口时，即可分别列队返回各单位。

十四、大会设有救护站四处，如发现病号时可请纠察或联络员通知救护站医疗。

十五、会场周围设有厕所七处，注意卫生，不得在会场随地大小便。

中華人民共和國中央人民政府成立慶祝大會

入場須知

一、大會設總指揮部及工人、學生、機關、農民、行政區等分指揮部，直接指揮隊伍。

二、入場隊伍應服從指揮，保持整齊嚴肅。

三、不帶鑼鼓，不化粧，不組織秧歌隊，隊伍迅速向會場進行。

四、各單位選領隊一人，副領隊若干名，自製一紅色臂章，上寫領隊副領隊字樣，套於左臂上，領隊列於隊前率領隊伍入場。（另設糾察及聯絡員若干人。負責維持自己隊伍的秩序）

五、領隊事先準備一表格，如下圖：

單位名稱	
總人數	
領隊姓名	

預先填好，入場時交入口分指揮部。

六、指揮部設有糾察、聯絡，及特別聯絡員若干人，以維持會場秩序，隊伍入場後，卽應聽其指揮，特別聯絡員係總指揮部直接掌握之聯絡員，由其傳達之意見（口頭，文字）各分指揮部應遵照執行。

七、由糾察或聯絡員領隊入場，到指定地區後，應卽整理隊伍，嚴守秩序，不得任意離隊。

八、自行車不得入場，（指定之特別聯絡隊例外）。

九、凡大小汽車一概不得入場（指揮車、救護車、閱兵部隊軍例外）。

十、除規定帶武器者外，一律不得携帶武器。

十一、各單位自備乾糧、飲水，（會場設有自來水，身體健康者可飲用）

十二、如有臨時事件發生，應保持鎮定，糾察員負責維持秩序，聽候指揮部處理之。

十三、提燈遊行時，隊伍由南向北出動，經東西三座門分向東西兩方前進，東到王府井南口，西到府右街南口時，卽可分別列隊返回各單位。

十四、大會設有救護站四處，如發現病號時可請糾察或聯絡員通知救護站醫療。

十五、會場週圍設有厠所七處，注意衛生，不得在會場隨地大小便。

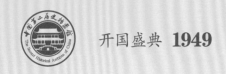

19. 中华人民共和国中央人民政府成立典礼程序（草案）

中华人民共和国中央人民政府

成立典礼程序（草案）

一、宣布开会

二、奏乐（全体肃立）

三、宣告中华人民共和国中央人民政府成立

四、升国旗（全体肃立致敬）

五、鸣礼炮

六、中央人民政府主席、副主席、政府委员就职，宣布定都北平

七、奏乐

八、中央人民政府主席讲话

九、阅兵

十、大会群众提灯游行

附件二

中華人民共和國中央人民政府成立典禮程序（草案）

一、宣佈開會

二、奏樂（全体肅立）

三、宣告中華人民共和國中央人民政府成立

四、升國旗（全体肅立致敬）

五、鳴禮砲

六、中央人民政府副主席主席就職 政府委員 宣佈定都北平

七、奏樂

八、中央人民政府主席講話

九、閱兵

十、大會群眾提燈遊行

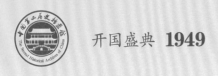
20. 庆祝中国人民政治协商会议成功和中华人民共和国
中央人民政府成立口号

庆祝中国人民政治协商会议成功和中华人民共和国中央人民政府成立口号:

1. 庆祝人民政治协商会议成功!

2. 庆祝中华人民共和国成立!

3. 庆祝中央人民政府成立!

4. 拥护中央人民政府!

5. 拥护共同纲领!

6. 拥护人民民主统一战线!

7. 拥护人民民主专政!

8. 把革命战争进行到底!

9. 消灭一切国民党残余匪帮!

10. 迅速解放台湾西藏和一切尚未解放的地方!

11. 统一全中国!

12. 打倒帝国主义!

13. 打倒封建主义!

14. 打倒官僚资本主义!

15. 发展新民主主义的政治!

16. 发展新民主主义的经济!

17. 发展新民主主义的文化!

18. 巩固人民解放军!

19. 巩固国防!

20. 联合世界上以平等待我之民族!

21. 拥护中苏合作!

22. 拥护世界民族解放运动!

23. 反对侵略战争! 拥护世界和平!

24. 中国人民大团结万岁!

25. 中国人民政治协商会议万岁!

26. 中央人民政府万岁!

27. 中国人民解放军万岁!

28. 中国共产党万岁!

29. 毛主席万岁!

30. 中华人民共和国万岁!

中华人民共和国中央人民政府成立庆祝大会筹委会印

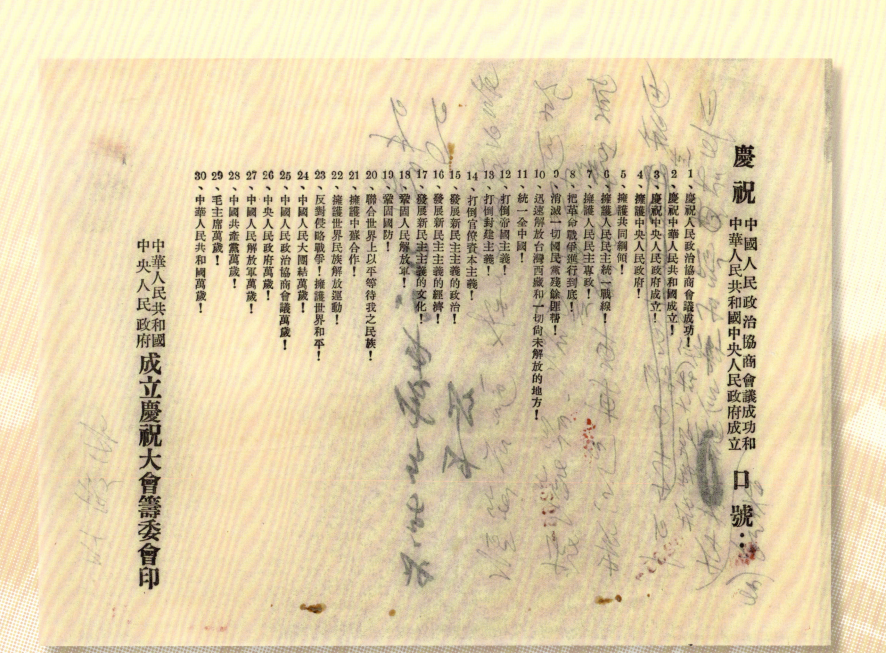

慶祝

中國人民政治協商會議成功和
中華人民共和國中央人民政府成立

口號：

1、慶祝人民政治協商會議成功！
2、慶祝中華人民共和國成立！
3、慶祝中央人民政府成立！
4、擁護中央人民政府！
5、擁護共同綱領！
6、擁護人民民主統一戰線！
7、擁護人民民主專政！
8、把革命戰爭進行到底！
9、消滅一切國民黨殘餘匪幫！
10、迅速解放台灣西藏和一切尚向未解放的地方！
11、統一全中國！
12、打倒帝國主義！
13、打倒封建主義！
14、打倒官僚資本主義！
15、發展新民主主義的政治！
16、發展新民主主義的經濟！
17、發展新民主主義的文化！
18、鞏固人民解放軍！
19、鞏固國防！
20、聯合世界上以平等待我之民族！
21、擁護中蘇合作！
22、擁護世界民族解放運動！
23、反對侵略戰爭！擁護世界和平！
24、中國人民大團結萬歲！
25、中國人民政治協商會議萬歲！
26、中央人民政府萬歲！
27、中國人民解放軍萬歲！
28、中國共產黨萬歲！
29、毛主席萬歲！
30、中華人民共和國萬歲！

中華人民共和國
中央人民政府 成立慶祝大會籌委會印

开国盛典
1949

第三篇

筹备工作往来函件、
通知

21. 佘涤清、曾平为布置会场及办公请先行拨借费用事致北平市人民政府秘书长薛子正呈

(1949 年 9 月 20 日)

呈

　　此次庆祝中央政府成立筹备工作业已布置就绪，在各部门预算未能报出前，关于布置会场及办公等费用，拟请先行拨借人民券壹仟万元以资应用，俟预算核定后再行转拨。是否可行，请核示。此上
薛秘书长

　　　　　　　　　佘涤青［清］　曾平

　　　　　　　　　　　　九·廿

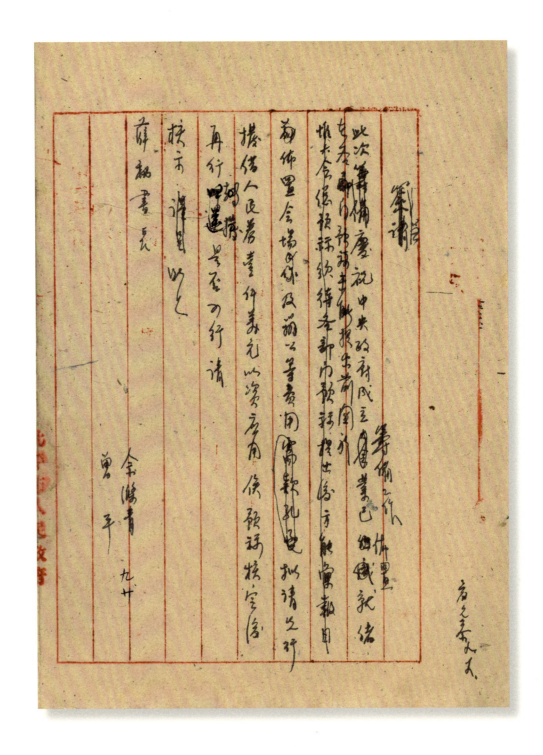

22. 庆祝大会筹委会指挥部为在中山
公园内安装电话事致北平市电信
局函稿
（1949 年 9 月 21 日）

指挥部装电话　函电信局

电信局负责同志：我会指挥部现再需要电话一具，请即派员来我会装设为荷。
此致
敬礼

大会戳

九·廿一

装设地址：中山公园行健会内

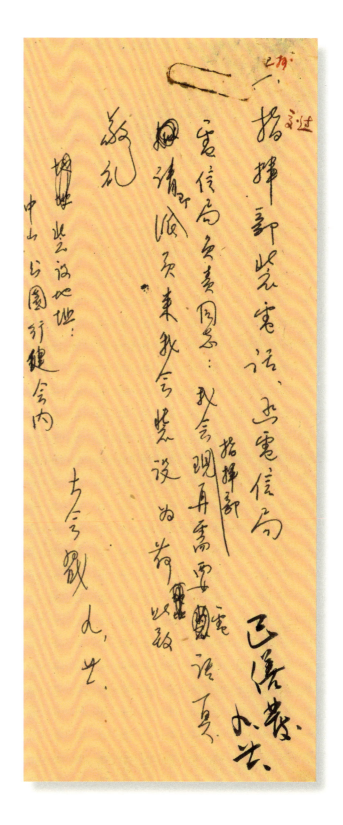

23. 庆祝大会筹委会为预防空袭清理防空洞事致北平市人民政府卫生局函稿

（1949 年 9 月 25 日）

本会为预防空袭，曾在天安门城楼下就原有城门洞修建防空洞四个，惟该四个城门洞，因多年关闭，阴霉异常，拟请你局派员携带 DDT 及喷射器予以注射，以重卫生，不胜感荷！此致
北平市政府卫生局

夏秘书交办

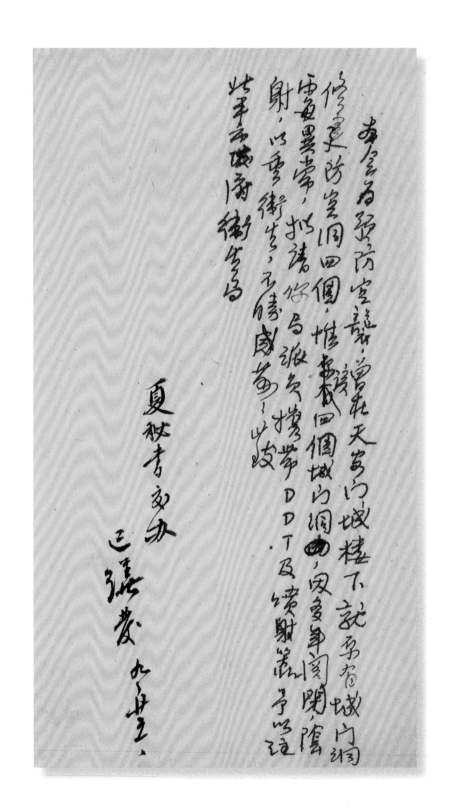

24. 庆祝大会筹委会为在天安门广场装置水管龙头事致北平市自来水公司函稿

（1949 年 9 月 25 日）

本会为布置天安门群众大会广场，须在广场内装置水管龙头三十个，天安门城楼上装置水管二个，请派员于明（廿六）日前来本会秘书处接洽，以便动工装设为荷。此致

北平市自来水公司

启

九月廿五日

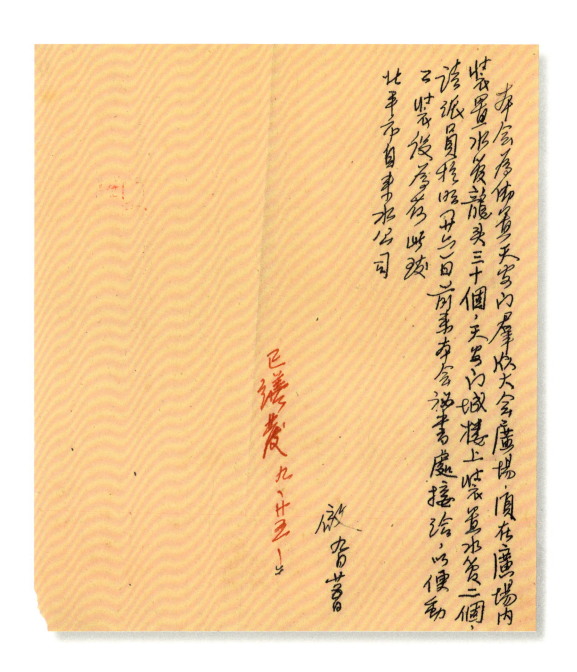

25. 庆祝大会筹委会关于庆典用车事项致中国人民政治协商会议秘书处函稿

（1949 年 9 月）

径启者：

中华人民共和国中央人民政府成立典礼已定于十月一日在天安门举行。除政协代表、中央人民政府委员及政协秘书处邀请之中外来宾外，其他机关团体参加典礼人员一概不得乘车进入会场周围地区（大会工作用车，部队检阅用车例外）。请贵处将全体政协代表、政府委员及邀请来宾需用车辆数目于廿八日前通知本会秘书处，以便发给制定之汽车通行证，届时凭通行证由东华门或西华门进入天安门后身内停车所（天安门、前门人多，无法通行）。

特此通知。

此致

人民政治协商会议秘书处

（发函时必须要收条）

启

26. 庆祝大会筹委会指挥部为请协助划分各区域地点事致秘书处便函

（1949 年 9 月 27 日）

我们准备九月卅日（星期五）上午九时划分各区域地点，请代为准备下列事件：

（一）大白壹百斤

（二）水壶两个

（三）划线工人五名

此致

秘书处

指挥部　萧松

九月廿七日

列入指挥部预算内扣除。

夏允恭
九·廿七

已由义合找工购大白。

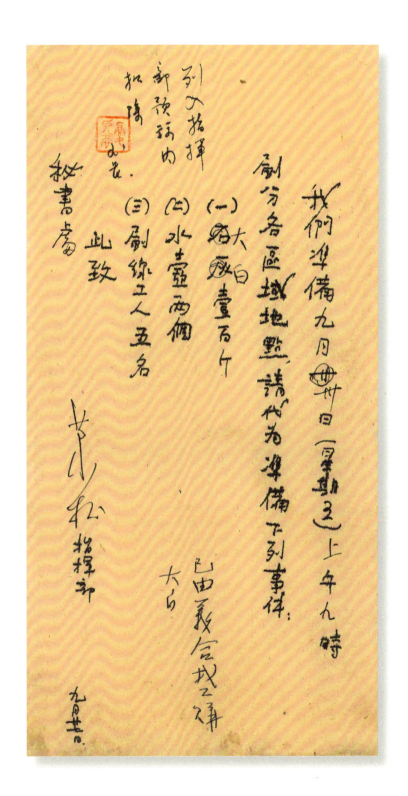

27. 庆祝大会筹委会为布置主席台内休息室借用物品事致北平市人民政府行政处函稿

（1949 年 9 月 27 日）

　　本会布置天安门城楼上主席台内休息室，需用沙发、地毯、屏风等用具。兹拟向贵处借用沙发三套，地毯一大张三小张，屏风四个，用毕即行送还，即希查照惠予借用为荷。此致

北平市人民政府行政处

　　　　　　　　　　　　　　启

　　　　　　　　　　　九月廿七日

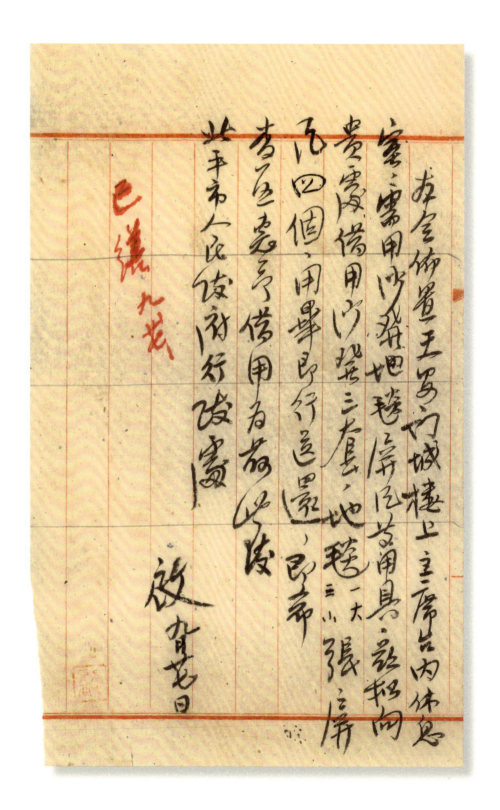

28. 庆祝大会筹委会为庆祝大会期间市区景点免票开放三日事致故宫博物院、中山公园等函稿

（1949年9月27日）

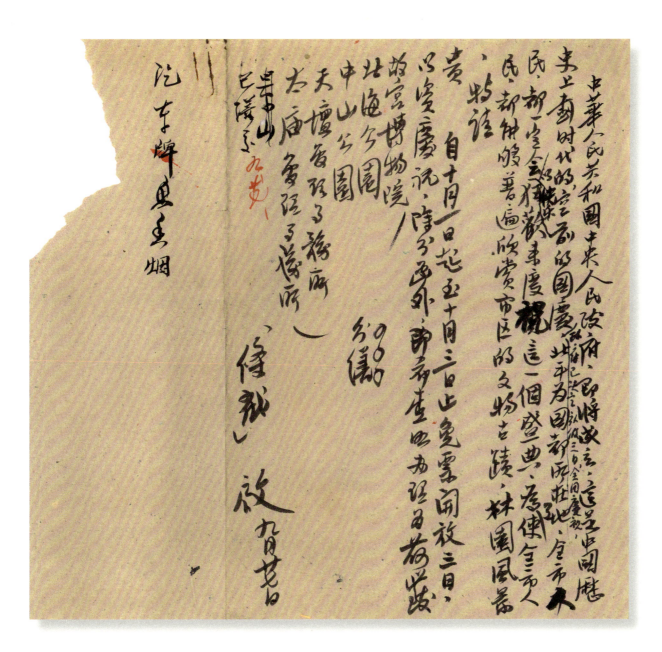

中华人民共和国中央人民政府即将成立，这是中国历史上划时代的空前的国庆。政府已决定放假三日，全国庆祝。北平为国都所在地，全市人民都一定会以快乐狂欢来庆祝这一个盛典。为了使全市人民都能够普遍欣赏市区的文物古迹、林园风景，特请贵自十月一日起至十月三日止免票开放三日，以资庆祝。除分函外，即希查照办理为荷。此致

故宫博物院

北海公园

中山公园

天坛管理事务所

太庙管理事务所

（条戳）启

九月廿七日

29. 庆祝大会筹委会主任聂荣臻关于阅兵典礼期间实施电车交通管制事致北平市企业局局长牟泽衔函稿

（1949 年 9 月 27 日）

牟局长：

中华人民共和国中央人民政府成立典礼，定十月一日在天安门举行，届时有盛大之阅兵典礼，各种兵种定九月三十日下午进城集中。为交通安全起见，电车须停止通行，请贵局通知电车公司，九月卅日下午六时正起，东单至西单段电车停止通行，十月一日全城电车停止通行一日。专此通知。

主任　聂荣臻

九月廿七日

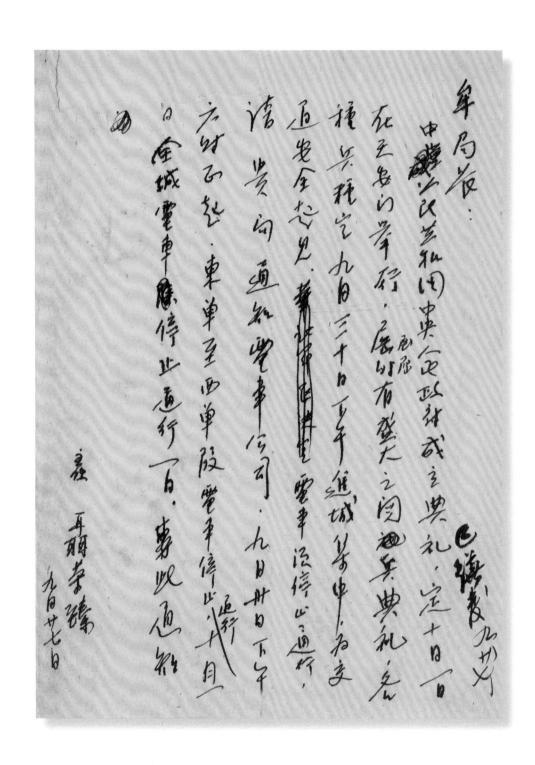

30．庆祝大会筹委会关于庆典时政协代表登天安门城楼事致中国人民政治协商会议秘书处函二件

(1949 年 9 月 27 日—9 月 28 日)

本会筹备之天安门广场中华人民共和国中央人民政府成立庆祝大会，敬请政协代表全体莅临参加，代表席设天安门城楼上，即凭代表证入席，不再另送入席标志。再因当日东西三座门不便通行车辆，各代表所乘汽车，并请分由东华门外或西华门外沿城墙折南开入天安门内。即希转知为荷。此致

中华[国]人民政治协商会议秘书处

政协秘书处齐副秘书长：

本会与有关部门商议决定，成立典礼时政府委员及政协代表凭政协代表证进入天安门台上，本会不另发通行证。

旁听代表及政协工作人员不进入天安门台上，以免拥挤不堪。

汽车通行，仍用政协汽车通行证，本会不另发汽车通行证。

专此通知。

此致

敬礼

九月廿八日

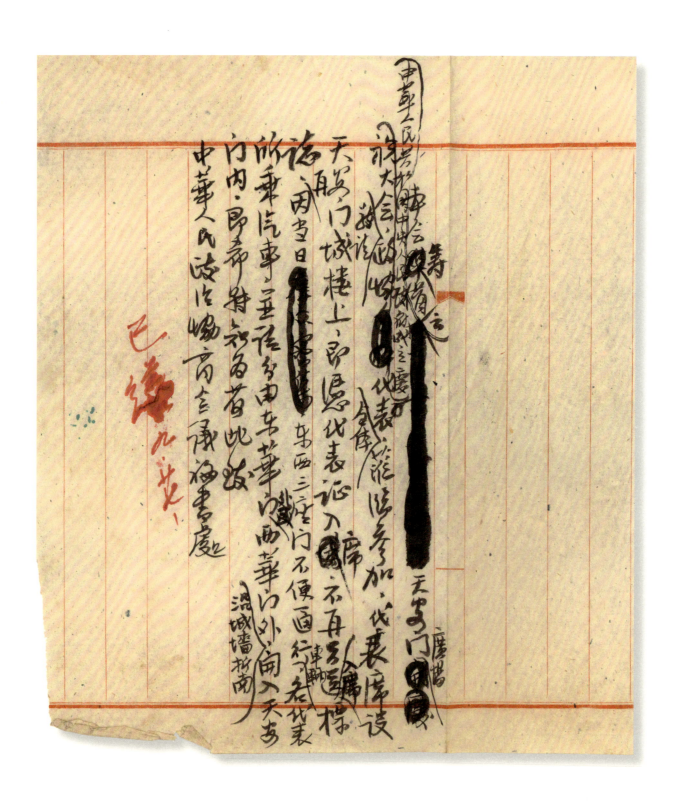

政协秘书处齐副秘书长：

本会局有关部门商议决定，我主典礼时政府委员及政协代表凭政协代表证进入天安门台上，本会不另考虑通行证。

唐听代表及政协二组人员不进入天安门台上，仍觅搅搭不惜。

汽车通行，仍用政协之行证，本会正考荟汽车通行证。

手此通知

即致

敬礼

王德荣

九月廿八日

31. 庆祝大会筹委会主任聂荣臻关于
更改阅兵典礼期间电车交通管制
时间事致北平市企业局局长牟泽
衔函稿

（1949 年 9 月 28 日）

企业局牟局长：

　　本会前函告贵局通知电车公司自九月
卅日下午六时起停止东单至西单段电车通
行，现部队改定下午四时进城，请即通知
电车公司，九月卅日下午四时起即停止东
单至西单段通行。十月一日全城电车皆停
止通行一日。务请遵照办理。

　　　　　　　　　　主任　聂荣臻
　　　　　　　　　　九月廿八日

写公函一封。

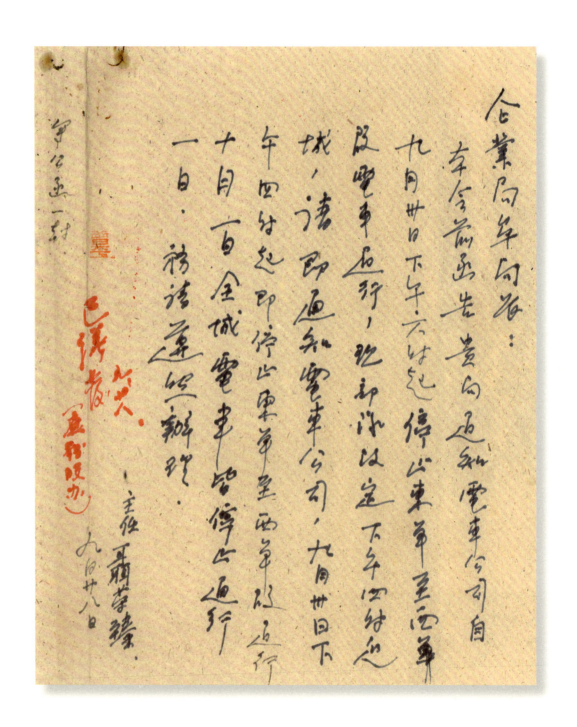

32. 庆祝大会筹委会为庆祝大会期间市区景点由免费开放三日改为半价优待事致故宫博物院、中山公园等函稿

(1949 年 9 月 28 日)

径启者：

　　前函请贵　　为庆祝中华人民共和国中央人民政府成立，于十月一日至三日免费开放以供民众游览一节，兹为维持秩序、避免拥挤起见，请贵　　改为半价优待为荷。*（并请在十月一日停止开放）

　　此致

* 故宫博物院
* 中山公园
* 太庙管理事务所

北海公园（一—三日）

天坛管理事务所（一—三日）

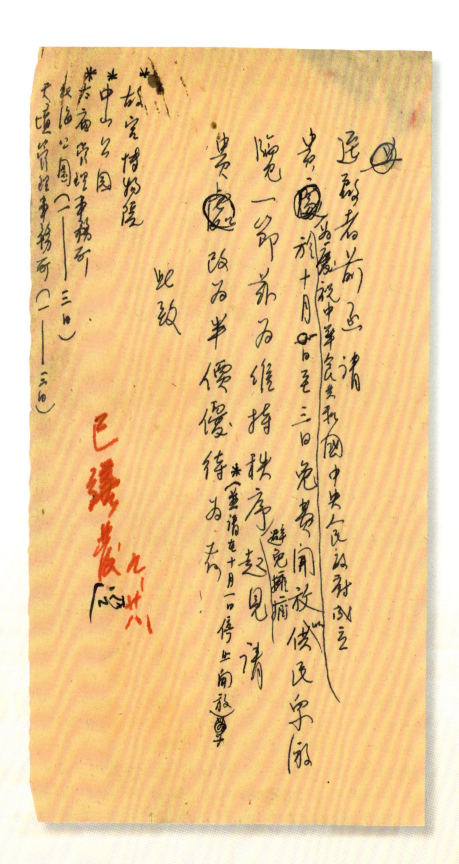

33. 庆祝大会筹委会为典礼大会物色抬椅工友事致北平市公安局商函稿

(1949 年 9 月 29 日)

市公安局负责同志：

本会于典礼大会举行时需抬坐椅工人六名，负责抬送老年病弱之政协代表上天安门主席台，请贵局负责介绍郊八分局代为物色政治上绝对可靠之该项工友六名（颐和园专有这种工友）给本会工作为荷。

此致

敬礼

启

九月廿九日

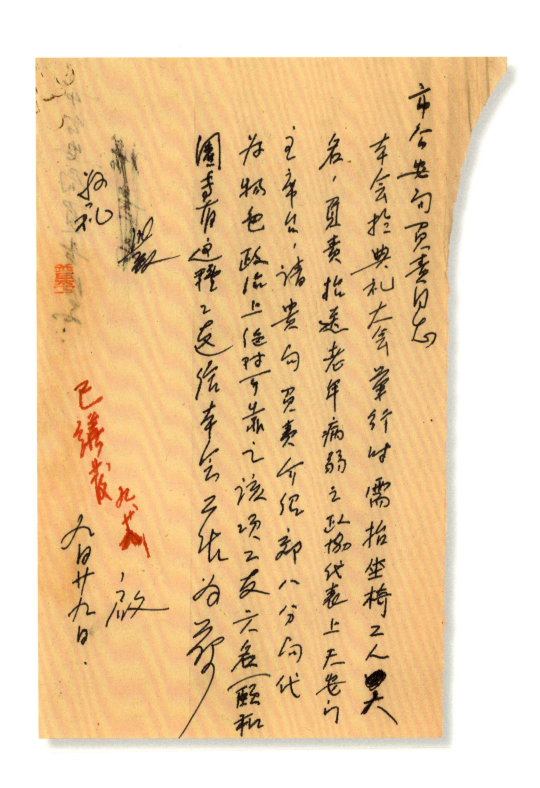

34. 北平市人民政府为庆祝大会期间
三日内市政府所属公园门票一律
半价事致庆祝大会筹委会函

(1949 年 9 月 29 日)

庆祝大会筹委会：

　　中华人民共和国中央人民政府宣布成立之日，三天内市政府所属各公园，门票一律半价，以志庆祝。特此通知。请查照为荷。

　　此致

敬礼

　　　　　　　北平市人民政府

　　　　　　　　九·二九

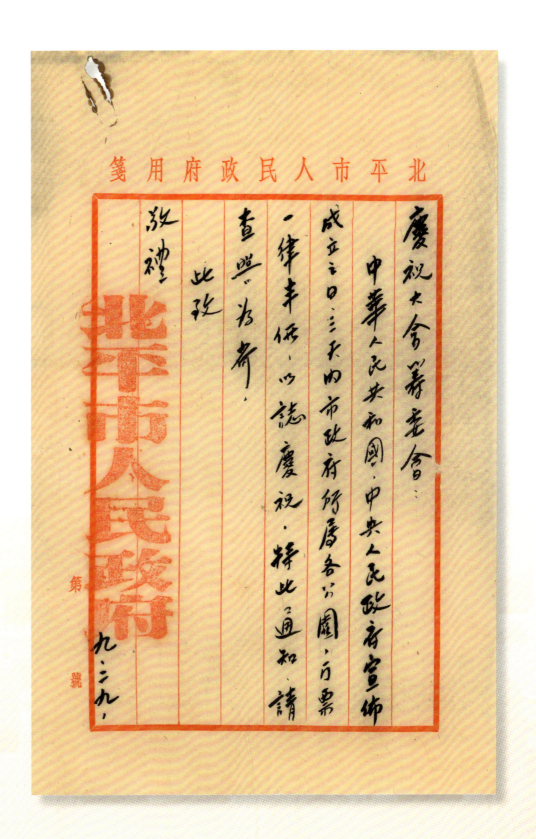

35. 庆祝大会筹委会关于天安门城楼
已安装临时电话的通知

(1949 年 9 月 30 号)

径启者：

　　天安门上临时电话两具已装就，号码为五·二二九七号及五·〇九四五号。

特此通知

　　此致

中华人民共和国中央人民政府成立庆祝大会筹委会

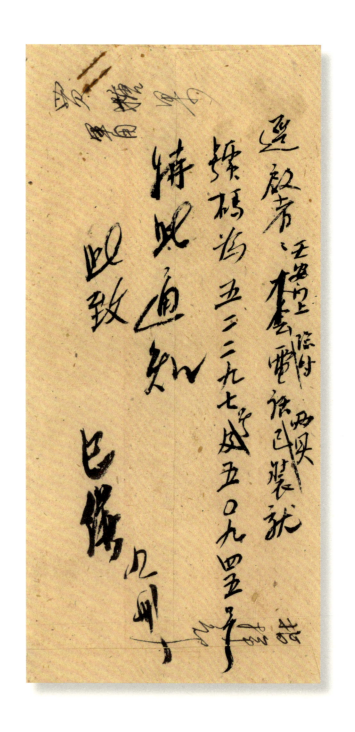

36. 庆祝大会筹委会为在天安门广场派岗警卫事致公安总队函稿

(1949 年 9 月 30 日)

公安总队负责同志：

　　本会广场一切布置工程大致就绪，亟需保护，请你队即时派岗警卫。自本日十时起除东西交通道外广场及天安门内禁止闲人，以利检查布置是荷。

　　此致

敬礼

　　　　　　　　　　　　启

　　　　　　　　　　九·卅

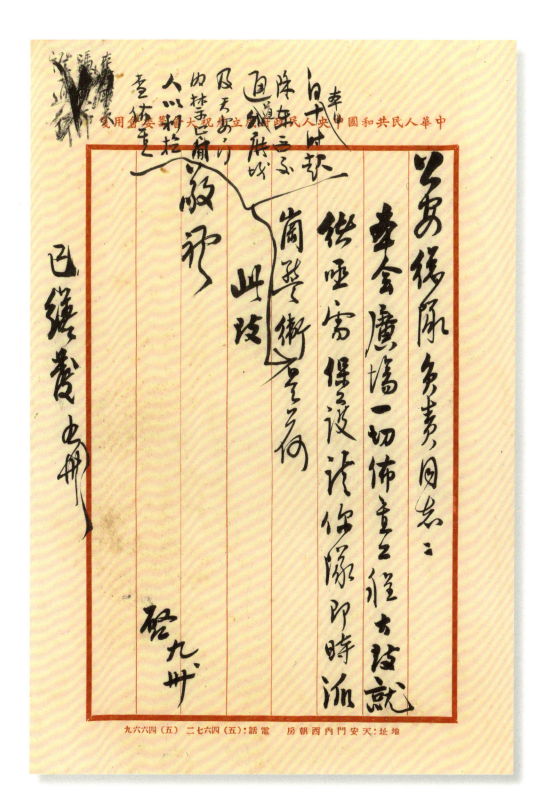

37. 庆祝大会筹委会关于登临天安门
主席台人员均须交纳照片以资识别
事致北平市副市长张友渔等函稿

（1949 年 9 月）

径启者：

　　中南海警卫处李广祥同志通知，凡上
天安门主席台的人员一律须交纳像片一张
（一寸），以便发给通行证（政协旁听证无
效）进入会场，警卫同志凭证放行，以资
识别，即请于今日下午二时前将像片交本
会秘书处代转中南海。

　　此致
张副市长、萧明同志

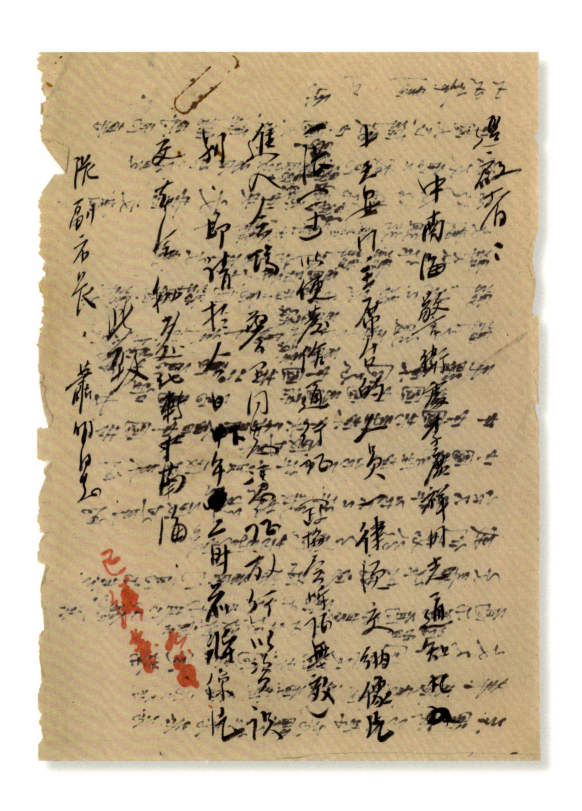

38. 庆祝大会礼花队为办理证件进入邮政总局及公安部大楼阳台施放礼花事致庆祝大会阅兵式副总指挥萧松函

（1949 年 10 月 1 日）

萧松同志：

　　大会礼花队拟借用邮政总局及公安部大楼之阳台施放礼花，请秘书处写一证件以便部队进入为荷。此致

敬礼

唐永健

十月一日

请秘书处写介绍信交涉为祷。

萧松

十 · 一日

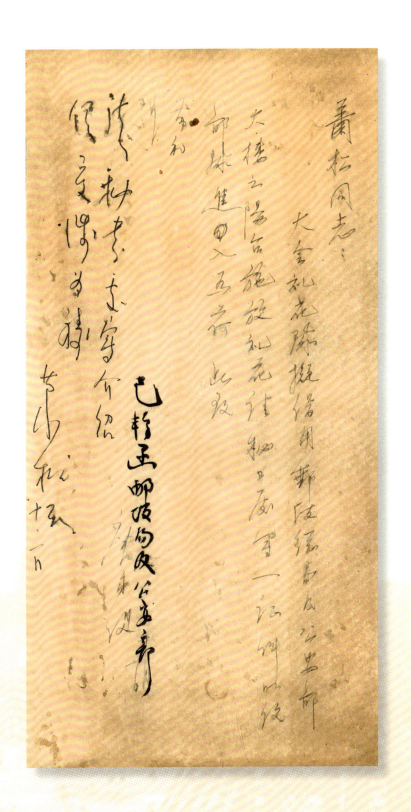

39. 庆祝大会筹委会用车派遣表一组

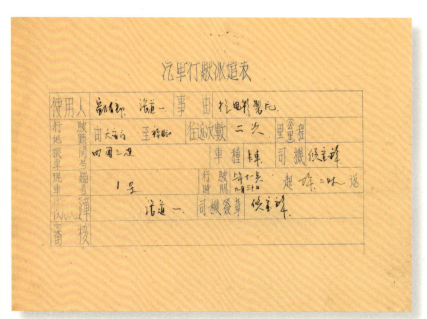

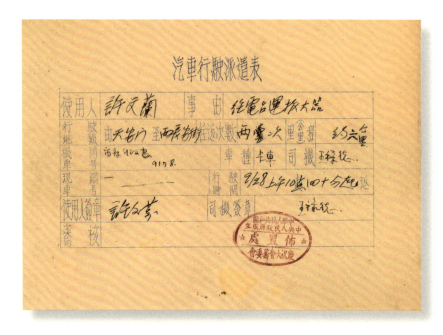

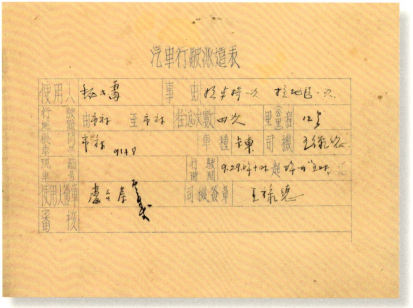

40 . 庆祝大会筹委会汽油领条

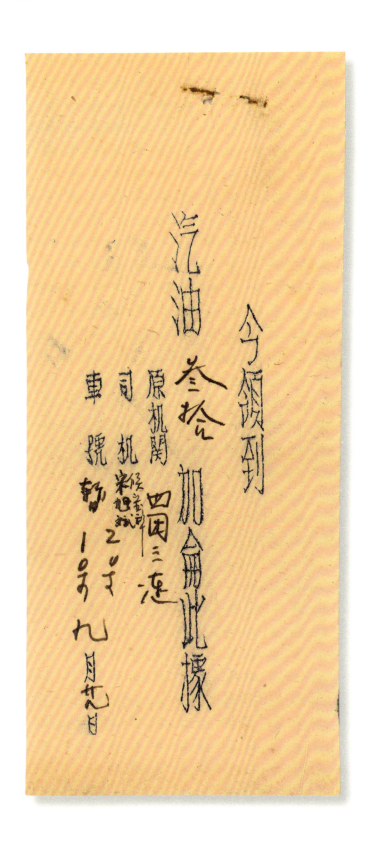

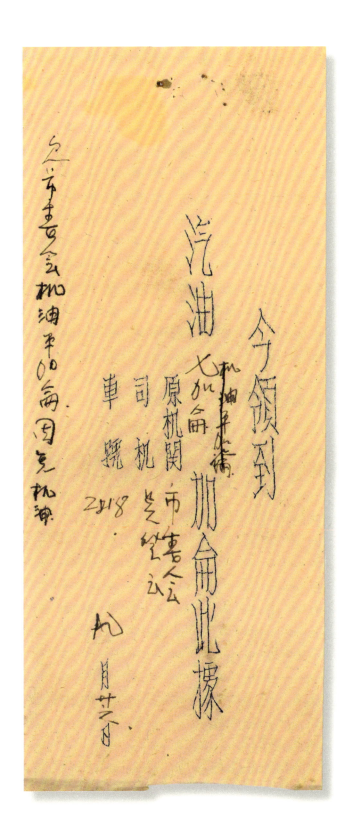

开国盛典
1949

第四篇

馆藏开国大典照片

41. 1949 年 9 月 21 日至 9 月 30 日，中国人民政治协商会议第一届全体会议在北平举行，毛泽东（左三）、
朱德（左二）、刘少奇（左一）、宋庆龄（右三）、李济深（右二）、张澜（右一）等在主席台上

42.1949 年 9 月 27 日，中国人民政治协商会议第一届全体会议代表表决通过国都、纪年、国旗、国歌 4 个议案

43. 美术供应社女工赵文瑞手工缝制的开国第一面五星红旗

44．开国大典前夕，南京被服厂工人赶制五星红旗

开国大典前夕，南京被服厂工人赶制五星红旗

45. 1949 年 9 月 30 日，毛泽东当选为中华人民共和国中央人民政府主席

46. 1949 年 9 月 30 日，周恩来在人民英雄纪念碑奠基典礼上致辞

47. 1949 年 10 月 1 日，毛泽东在天安门城楼上庄严宣告中华人民共和国中央人民政府成立

48 . 军乐队高奏国歌

49．毛泽东在开国大典上升起的第一面五星红旗

50. 开国大典时的天安门广场

51．外宾观礼台

52．开国大典上，中国人民解放军接受检阅

53．中国人民解放军总司令朱德在阅兵总指挥聂荣臻的陪同下检阅部队

54．受检阅的中国人民解放军飞行方队

55．受检阅的中国人民解放军部队

56 . 庆祝大会夜景

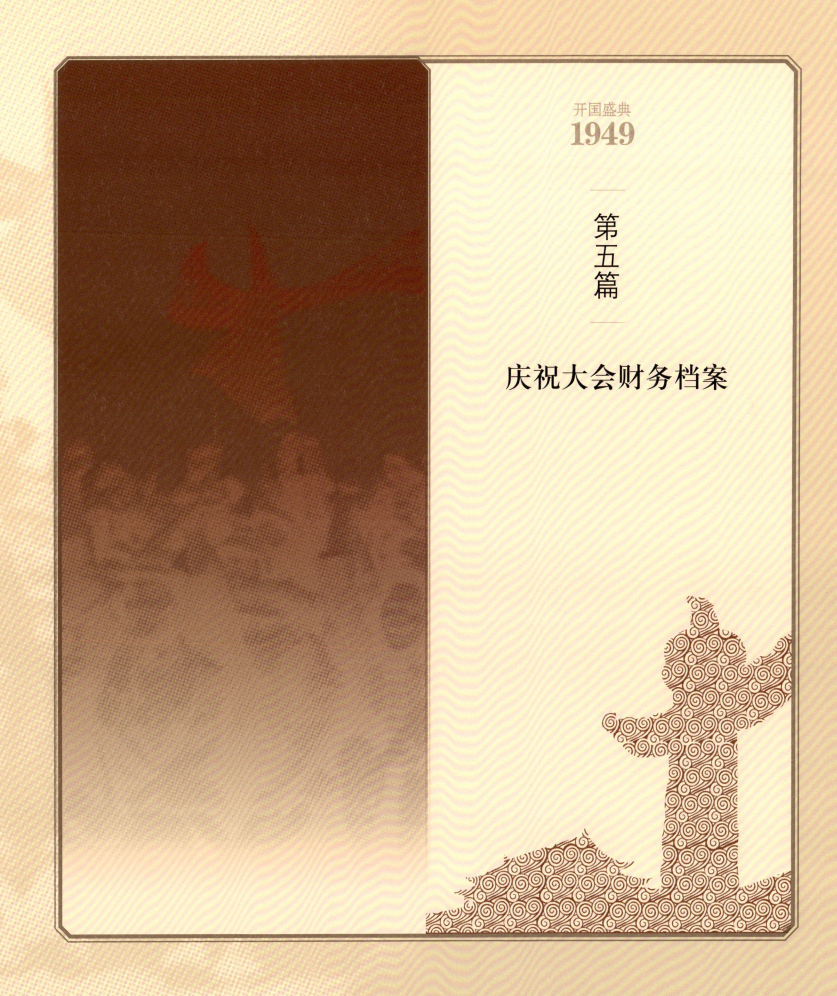

开国盛典
1949

第五篇

庆祝大会财务档案

57. 庆祝大会筹备费总预算表

(1949 年 9 月 20 日)

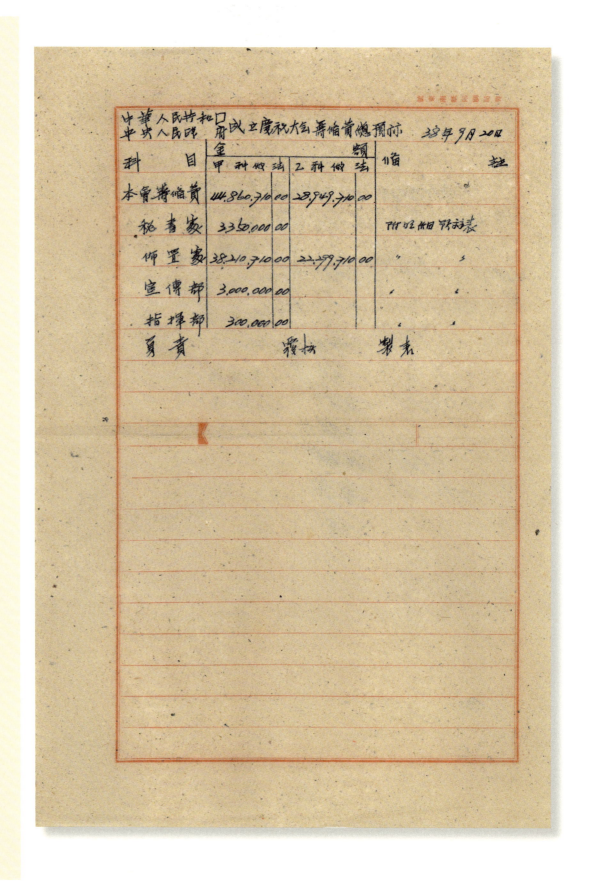

58. 庆祝大会筹委会秘书处预算表

（1949 年 9 月 20 日）

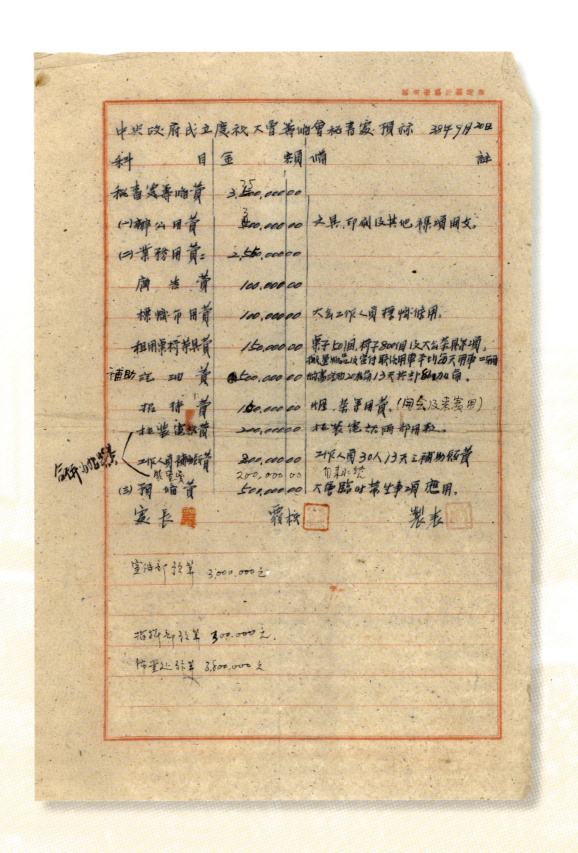

59. 庆祝大会筹委会宣传部预算表

（1949 年 9 月 27 日）

科　目	合　额　格	註
中華人民共和国中央人民政府成立慶祝大會籌備会宣傳部預算表 38年9月27日		
宣傳部籌備費	399256000	
（一）印製傳單標語口號	67500000	
傳單標語		200000（八開三萬份合八令纸（口報纸）
口　號		300000（24開七萬份合六令纸（50磅洋连）
印刷費		85000（捉435斤小米計折每斤200元）
（二）改裝和新建標語牌	80800000	楊木三合板（建立新標語）70塊每塊500元合350000元 金麻半斤合90000元 油漆60000元 木条80条（一寸方三尺長）每条1800元合150000元 木油二十斤每名二千四佰元合48000元 製畫器材（材料画筆等）合30000元 材料固費及披装置50000元 雜用30000元 合計如左投
（三）宣傳車隊	46000000	紅布伍疋 22萬元 釘子麻绳雜支四萬元 標語纸100大張又萬元 紅綢一疋十萬元 繼製毛主席像两個八萬元 合計如左
（四）文藝活動	7000000	
中山公園音樂堂節目		500000元〔大型歌舞一場曲藝雜耍一場評劇一場 京剧一場（色布場租水電費用化裝師耗品及演員招待費等）〕。
街頭秧歌隊組費		200000元（四大隊共800人）。
（五）煙火	10000000	煙火一萬
（六）各區宣傳補助費	20000000	各區秧歌隊宣傳隊體演會等活動費用共廿區
（七）文具纸张	2100000	毛筆十枝 鉛筆五枝 墨汁之瓶共九千元 白報纸100大張 複寫纸半盒共書写式計
（八）招待費	850000	開會用烟之条茶等五斤
（九）工作人員伙食費	2000000	按五十塊計
（十）預備費	10000000	

60．庆祝大会筹委会呈请批准追加大会预算函稿

（1949 年 9 月 29 日）

径启者：

　　本会前曾送上初步预算计甲种方案 44860710 元，乙种方案 28949710 元，迄今未有批示。现根据甲种方案进行布置，并根据新的需要，又增加修造检阅部队用大厕所六所，群众用男女厕所各六个及装灯，外宾观礼台壹座，茶果招待费，指挥台一座，北海放焰火，中山公园游艺会等项，须追加预算四佰伍拾四万七千五百元，即大会全部预算需四仟九百七拾万另八千贰佰十元。请予以批准。

附预算一份

　　　　　　　　　　　　　　　　启

　　　　　　　　　　　　　九月二十九日

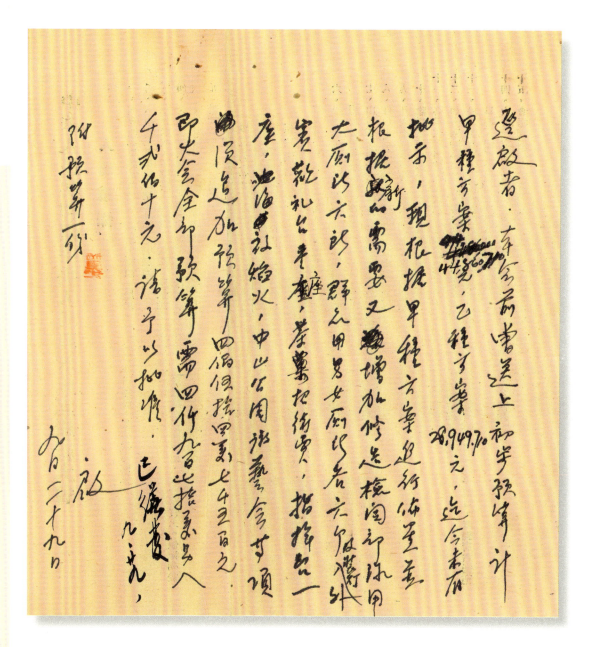

61. 庆祝大会筹委会布置处预算表

慶祝中華人民共和國中央人民政府成立筹備委員會布置處預算表

項別	小計金額	共計金額	備考
照明 其人			
免燈泡费	八〇〇〇〇〇—		免燈泡一千个每个800元
瑩光燈费	三二〇〇〇〇〇—		太陽燈一四〇个每个三万二千
探照燈费	三五〇〇〇〇〇—	七四二〇〇〇〇〇—	探照燈三十五个每个十美人
攝影费	一三五〇八〇〇	一三五〇八〇〇	油漆攝影架等费
擴音费	三〇〇〇三一〇—		攝影架子三件及配製長
電台材料费	一六五〇〇〇〇〇—		麥克擴音機收錄等费
電信材料费			
線路工程费	七三三六〇〇—	四九四三九一〇—	電傳局接線工人费
油漆工费	五〇八〇〇—		油漆攝影架等费
大燈架费	一五〇〇〇〇〇—		
佈置费		四三二〇〇八—	
按装大撑杆费	四五〇〇〇〇〇—		建立電動大旗杆22米高
接上佈置费	七五〇〇〇〇〇—		扳天安门房上雜草费
修傳房墙费	四三五〇〇〇〇—		建設局設計劃佈置廣場工程费
板当热泮费	二〇〇〇〇〇—		
正陽门佈置费	一五〇〇〇〇〇—		大紅燈籠彩子八重大気等
三府门佈置费	四八〇〇〇〇〇—		中華门佈置费
畫製毛主席大像费	一二〇〇〇〇〇—		大仙橫彩子等
席大像费	二〇〇〇〇〇〇—		惠毛主席大像及木框等
雜項费	二〇〇〇〇〇—		劳誰费及加班人飯费
總計		三八六五七〇—	

北京特別市公署

62. 庆祝政协会议临时救护应用药材及汽油预算表

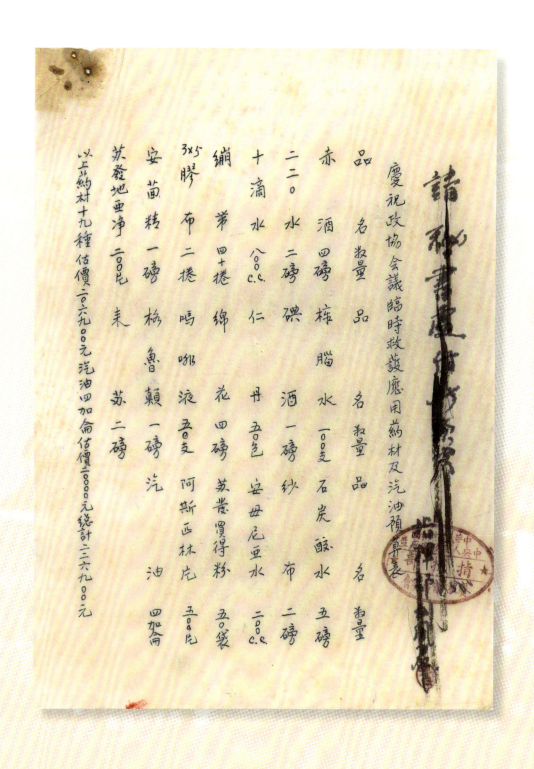

庆祝政協会議臨時救護應用葯材及汽油預算表

品 名	数量	品 名	数量	品 名	数量
赤酒	四磅	樟腦水	一〇〇支	石炭酸水	五磅
二二〇	水二磅	碘酒	一磅	紗布	二磅
十滴水	八〇〇 c.c.	仁丹	五包	安母尼亞水	二〇〇 c.c.
绷带	四十捲	绵花	四磅	苏贵买得粉	五〇袋
3×5膠布	二捲	嗎啡淀	吾支	阿斯匹林片	五〇瓦
安菌精	一磅	梅魯顛	一磅	汽油	四加侖
苏發地亚净	二〇〇瓦	苏	二磅		

以上葯材十九種估價二〇六九〇〇元汽油四加侖估價二〇〇〇元總計二三六九〇〇元

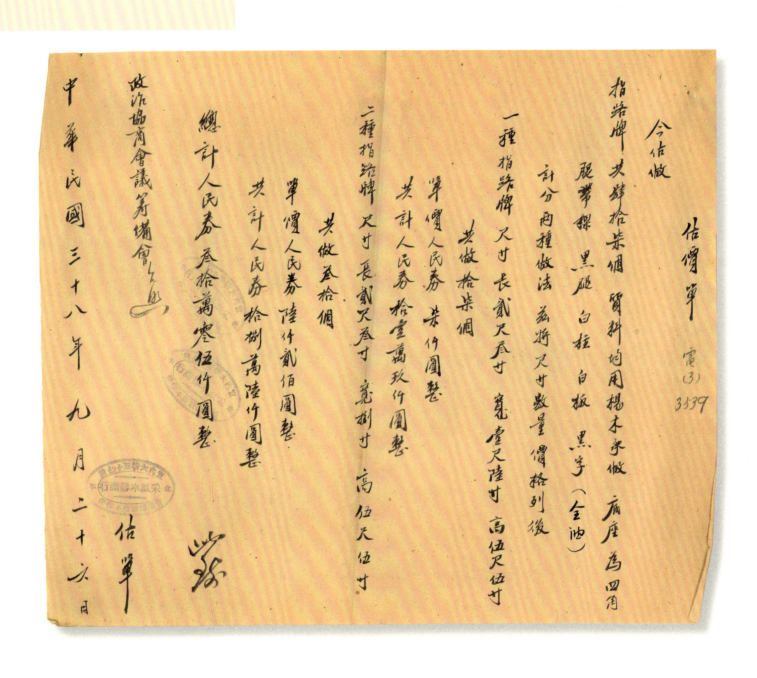

今估做　　　　估價單　電(3)
　　　　　　　　　　　　3539

指路牌 共舉拾柒個 貿料均用楊木承做 扁座為四周

腿帶操 黑砸 白挂 白板 黑字（金油）

計分丙種做法 兹將尺寸數量價格列後

一種指路牌 尺寸長貳尺叁寸 寬壹尺陸寸 高伍尺伍寸

共做拾柒個

單價人民券 柒仟圓整

共計人民券 拾壹萬玖仟圓整

二種指路牌 尺寸長貳尺叁寸 寬捌寸 高伍尺伍寸

共做叁拾個

單價人民券 陸仟貳佰圓整

共計人民券 拾捌萬陸仟圓整

總計人民券 叁拾萬零伍仟圓整

政治協商會議籌備會
　　　　　　　　　估單

中華民國三十八年九月二十六日

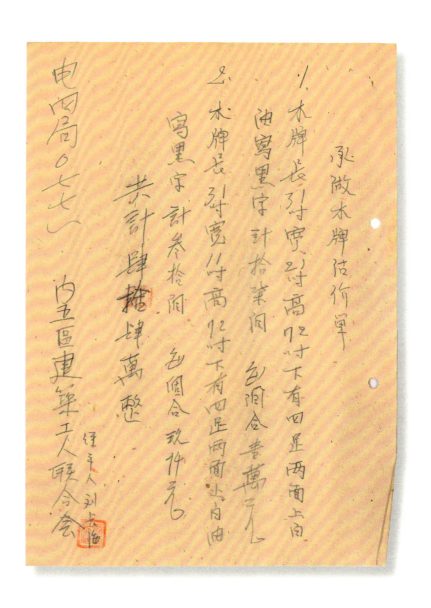
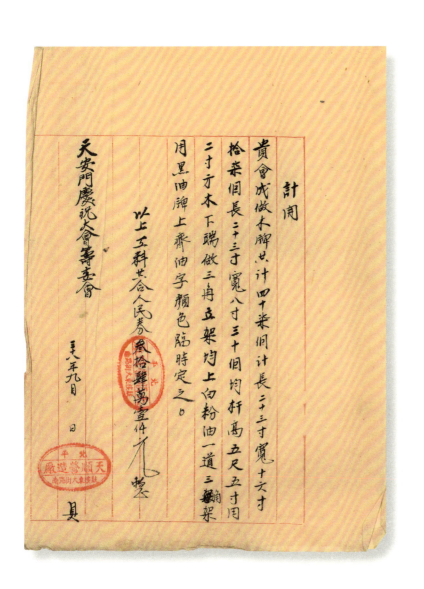

承做木牌估价单

1. 木牌长引尺宽引尺高72引尺下有四足两面上白油
油写黑里字 计拾柒间 色间合书萬元

2. 木牌长引尺宽引尺高72引尺下有四足两面上白油
写黑里字 计叁拾间 色间合玖仟元

共计肆拾柒牌萬整

承办人 刘上海

电写局〇七七

内五区建筑工人联合会

计开

贵会戌做木牌共计四十柒间计长二十三寸宽十六寸
拾柒间长二十三寸宽八寸三十间均杆高五尺五寸用
二寸寸木下端做三角立架均上白粉油一道三翶架
用黑油牌上齐油字颜色临时定之。

以上工料共合人民券贰拾肆萬壹仟元整

天安门庆祝大会筹委会

卅年九月 日 具

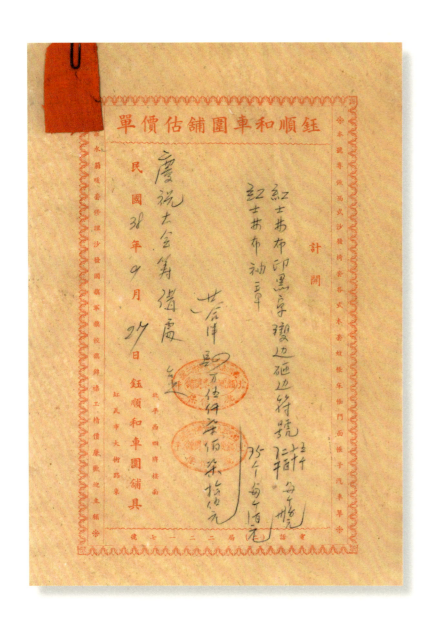

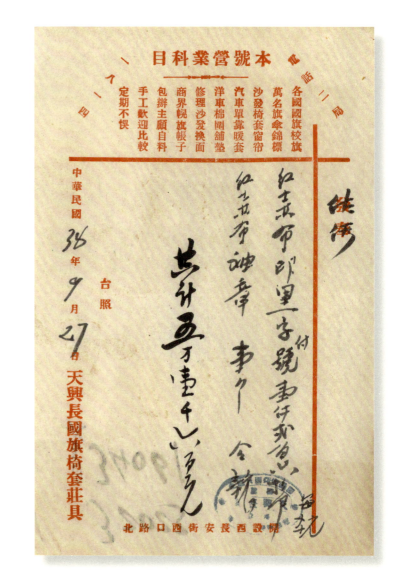

64. 庆祝大会筹委会为购买漂白细布
事致华纱布公司函稿

（1949 年 9 月 30 日）

华纱布公司负责同志：

　　布置大会事务亟需再购漂白细布壹
匹，即请你公司售给是荷。此致
敬礼

启

九·卅

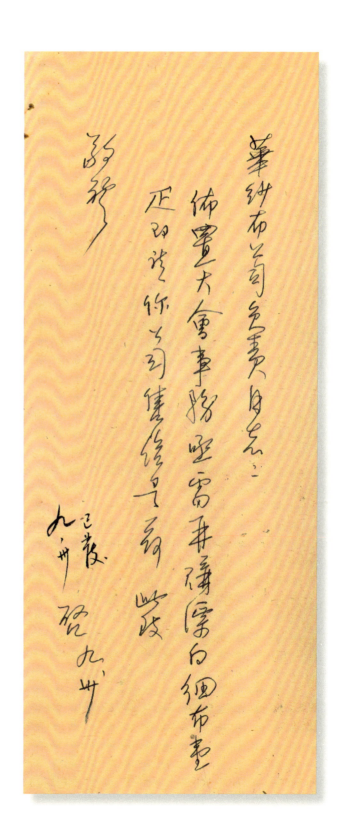

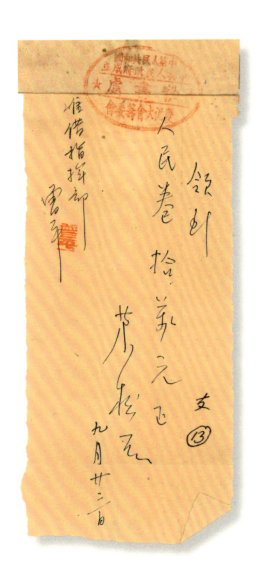

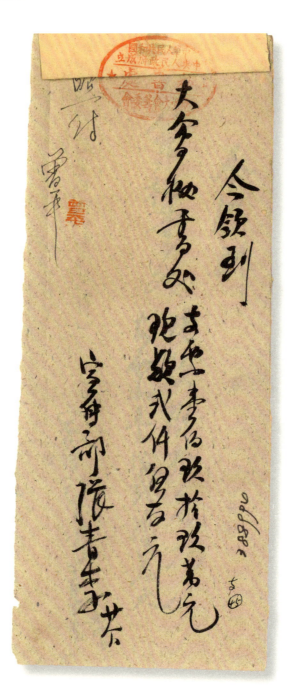

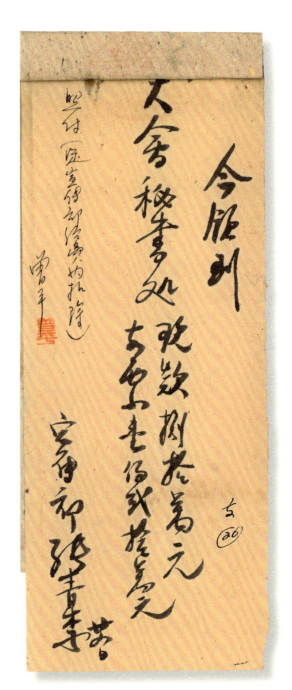

65. 庆祝大会筹委会指挥部、宣传部
领条

66. 庆祝大会筹委会指挥部、宣传部借据

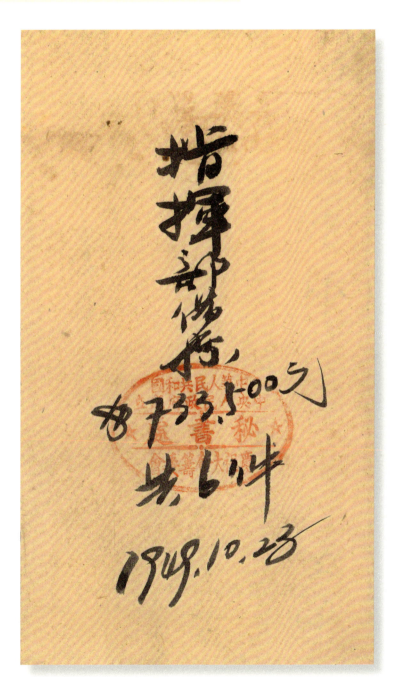

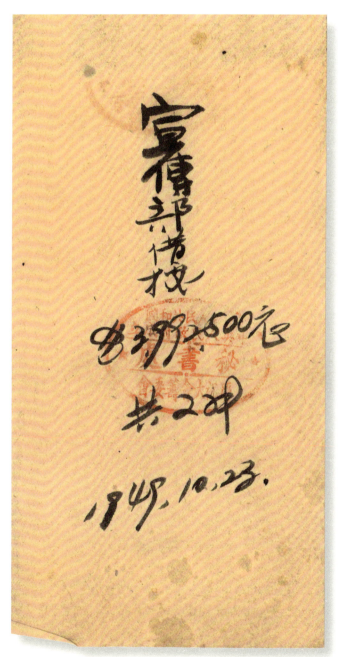

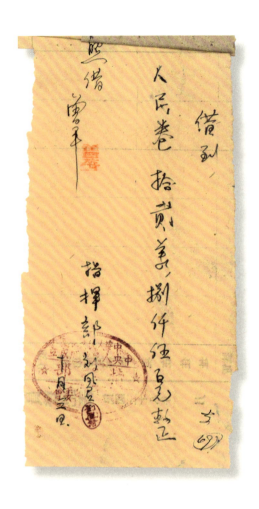

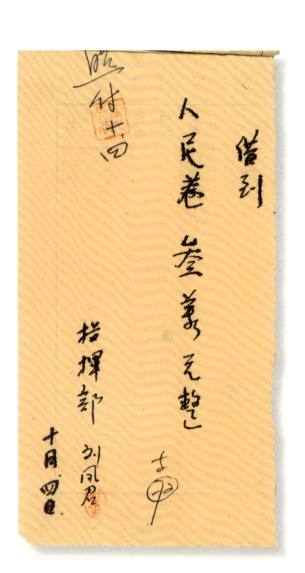

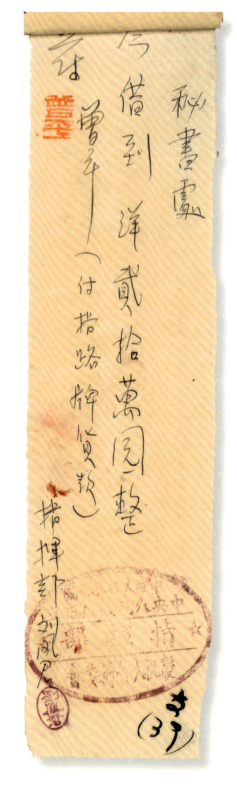

67. 庆祝大会筹委会财务对账单

中國人民銀行　　對帳單

共 _2_ 頁
第 _1_ 頁

戶名 中央政府成立庆祝大会筹備会
中山公園

中華民國　年　月　日止

幣名 ____ 帳號 131 利率 ____

日期	摘要	支票或號數收據	支 出	存 入	存或欠	餘 數	日數	積 數
9.20	轉收			9600000000	存	9600000000		
,21	支	388977	1000000000			8600000000		
,23	,	979	500000000					
	,	980	500000000			7600000000		
	,	978	1000000000			6600000000		
,24	支	984	556000000					
	,	985	380500000					
	,	983	300000000					
	,	982	100000000					
	轉收			8000000000	,	14835000000		
,26	存息			7051380	,			
	扣稅 5%		352569		,	8550688811		
,27	支	990	100000000			8450688811		
	,	986	100000000					
	,	989	880000000			7461688811		
	,	988	700000000			6461688811		
	交支	987	1000000000			5461688811		
,28	支	992	800000000			4661688811		
	,	993	100000000					
	交支	991	800000000			3661688811		
	轉收			14500000000	,	18161688811		
	過次頁		9028875569	27170051380				

具

68. 庆祝大会现金收支日结表

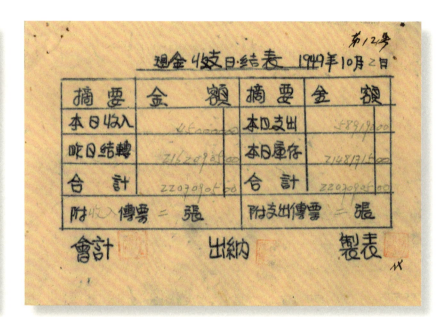

现金收支日结表 1949.10.1日 No.11

摘要	金额	摘要	金额
本日收入	49,718,710.00	本日支出	50,726,780.00
昨日结转	22,669,475.00	本日库存	21,620,905.00
合计	72,387,685.00	合计	72,387,685.00
附收入传票 2 张		附支出传票 7 张	
会计 □		出纳 □	制表 □

现金收支日结表 1949年10月2日 第12号

摘要	金额	摘要	金额
本日收入	4,600,000.00	本日支出	58,819,000.00
昨日结转	21,620,905.00	本日库存	21,481,715.00
合计	22,070,905.00	合计	22,070,905.00
附收入传票 二 张		附支出传票 二 张	
会计 □		出纳 □	制表

现金收支日结表 38.10.3日 No.12

摘要	金额	摘要	金额
本日收入	580,000.00	本日支出	6,731,290.00
昨日结转	21,481,715.00	本日库存	15,330,425.00
合计	22,061,715.00	合计	22,061,715.00
附收入传票 2 张		附支出传票 4 张	
会计 □		出纳 □	制表 □

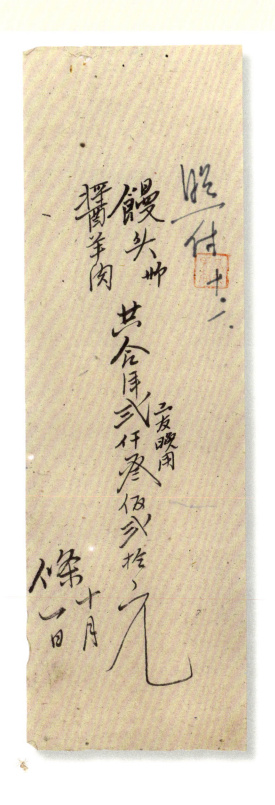
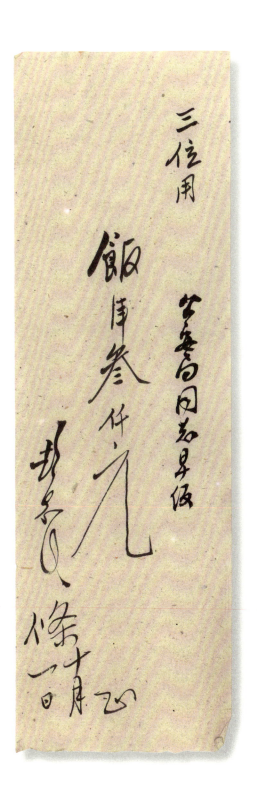
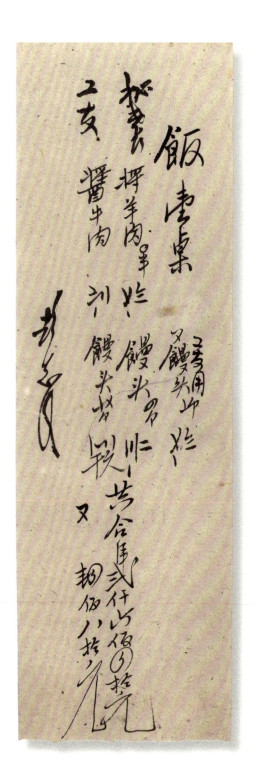

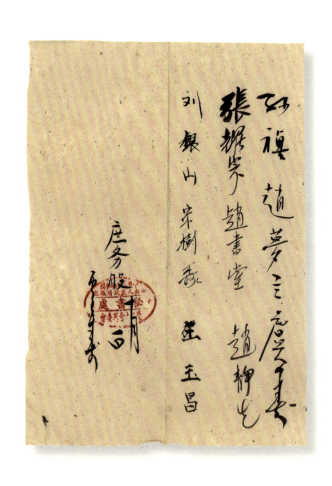

70. 庆祝大会筹备费决算表

(1949 年 10 月 23 日)

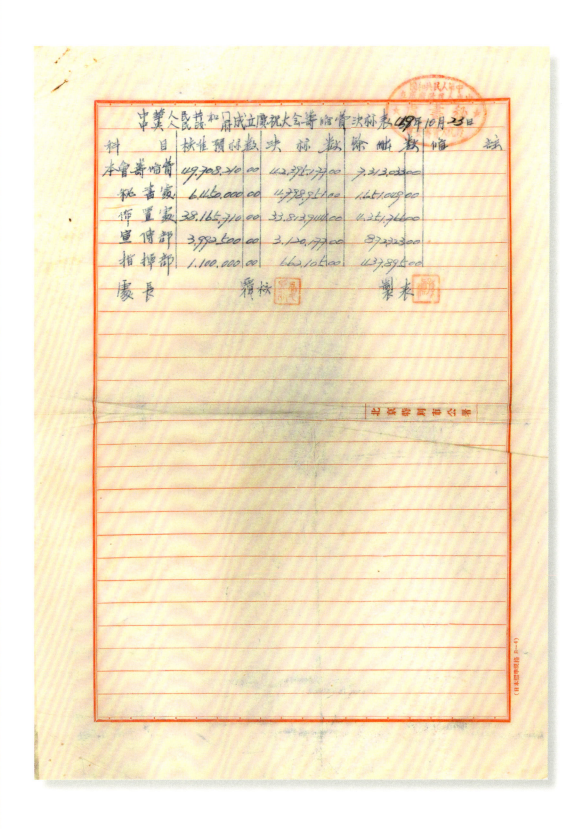

开国盛典
1949

——

第
六
篇

——

筹委会善后工作等文件

71. 庆祝大会筹委会送文签收单一组

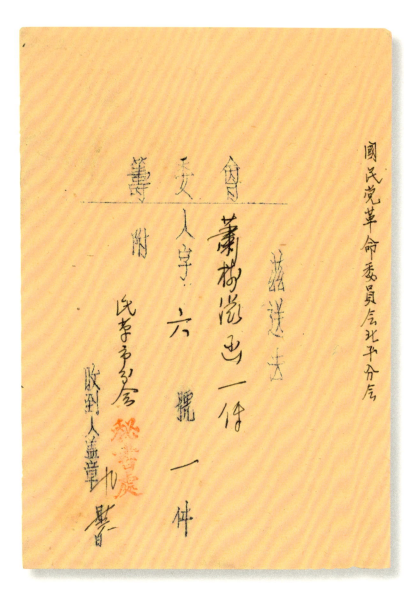

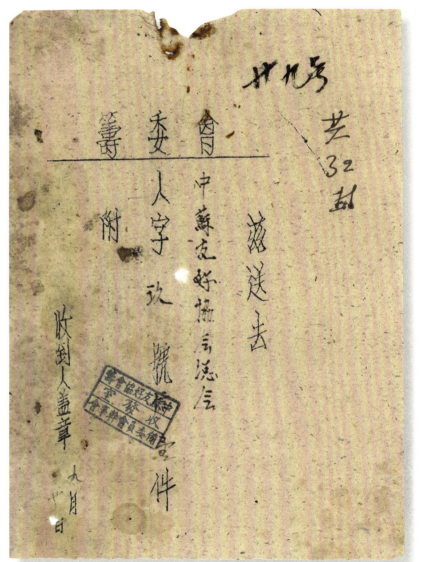

72 . 庆祝大会筹委会公函信封一组

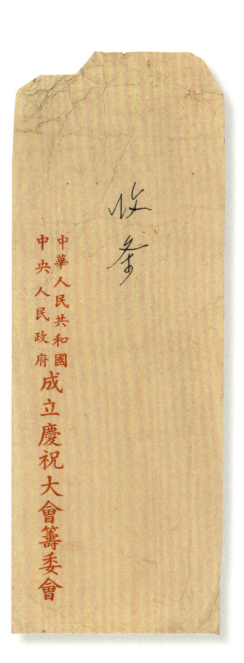

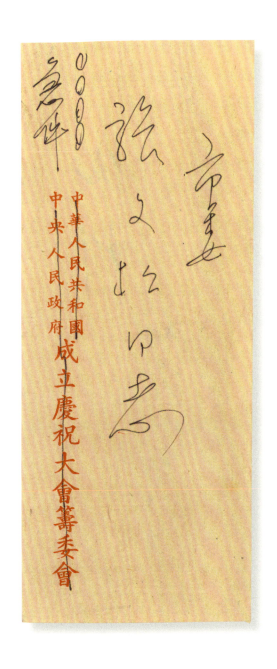

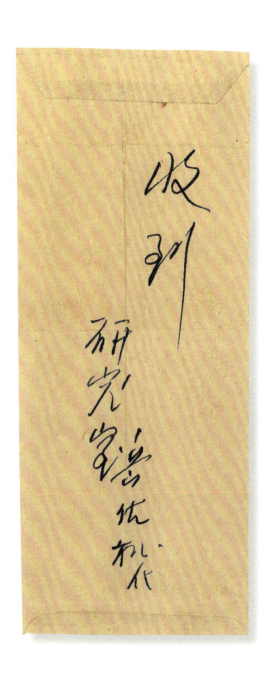

73. 庆祝大会筹委会秘书处总务组应办理结束事项清单

秘书处总务组应办结束事项：

1. 收点布置处剩余物资及宣传部剩余物资

2. 查中国营造学社电表度数计算应付电费（九月廿日本会开始用电灯时记用度数为四二六一度）

3. 酌付中国营造学社方面本会使用水费

4. 酌付行健会电灯费

5. 剩余物资移交保管方面

6. 撤电话

7. 撤电灯、复原状

8. 送还故宫家具

9. 送还公园家具

10. 送还市府家具

11. 营造学社家具布置就原位

12. 对营造学社、公园、故宫、市府借房屋、家具应函表谢意

（纪念章应如何准备发放）

柯书庆将财务组应办结束事项：

1. 收点佈置处剩馀物资及宣传部剩馀物资

2. 查中口营造学社宿表及教计算并付宽费（九月五日本会闹枝用宽灯时记用及教两四式□度）

3. 约付中口营造学社云电车会使用水费

2. 约付行使会宽灯费

5. 剩馀物资务另保首方宽

6. 撤宽证

7. 撤宽灯、復原状

8. 送还故宽守儁侯

9. 送还公园修侯

10. 运还市村儁侯

11. 营造学社术儁佈置就原信

12. 对营造学社、公园、故宽、市村、儁房屋儁侯

立山表诚意

（纪念章应名何斗偿费致）

74. 庆祝大会筹委会为节省大会开支
拟将剩余汽油折价退还事致同义
成商行函稿

(1949 年 10 月 7 日)

径启者：

　　查本会于九月廿八日由你行购存汽油一百〇六加仑，前后共提用七十九加仑半，剩余二十六加仑半，拟请即予折价退款以节大会用费是荷。

　　此致
同义成商行

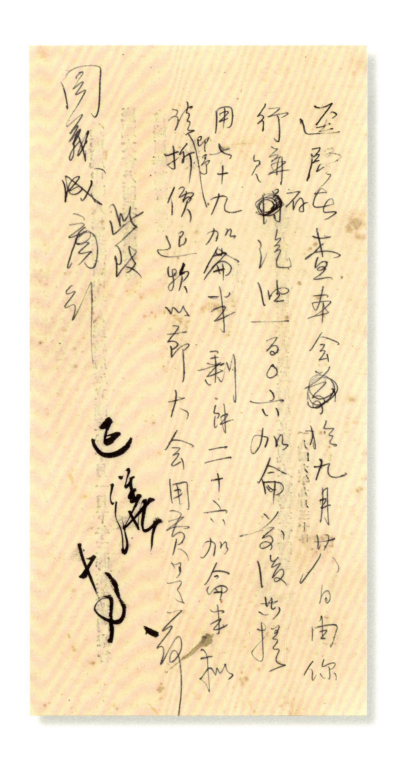

75. 庆祝大会筹委会为准备结束工作并召开总结大会事致布置处、宣传部、指挥部函稿

（1949 年 10 月 9 日）

径启者：

　　大会筹委会工作日内即行准备结束，应请贵处（部）拟就书面工作总结，于星期二日（十一日）下午四时前送交秘书处，汇集转报，定期召开总结大会。

　　此致

布置处

宣传部

指挥部

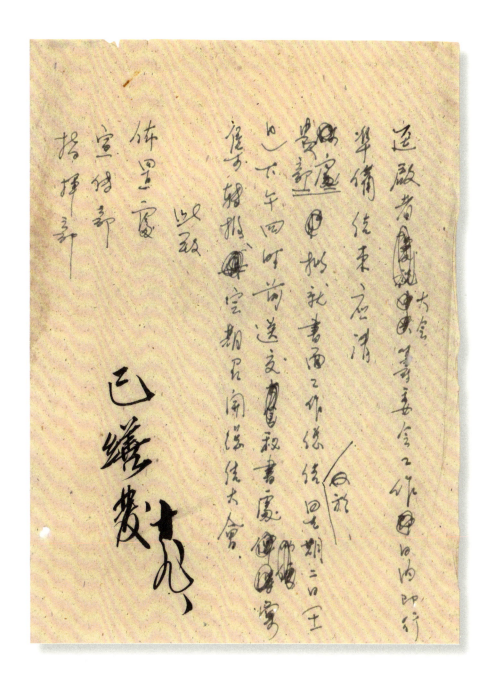

76. 庆祝大会筹委会为大会结束分别
归还所借物品并表示感谢事致中
国营造学社等函稿

(1949年10月10日)

本会承贵　　拨借房屋家具等项，给
以工作上不少的便利，兹以大会任务结束
完毕，除将所借物品分别送还外，对贵会
的热情援助无任感谢。特函敬布谢忱。

　此致

中国营造学社（房屋家具）

中山公园管理处（房屋家具）

故宫博物院（家具）

行健会（房屋）

　　　　　　　　　　　　大会戳

　　　　　　　　　　　　十·十

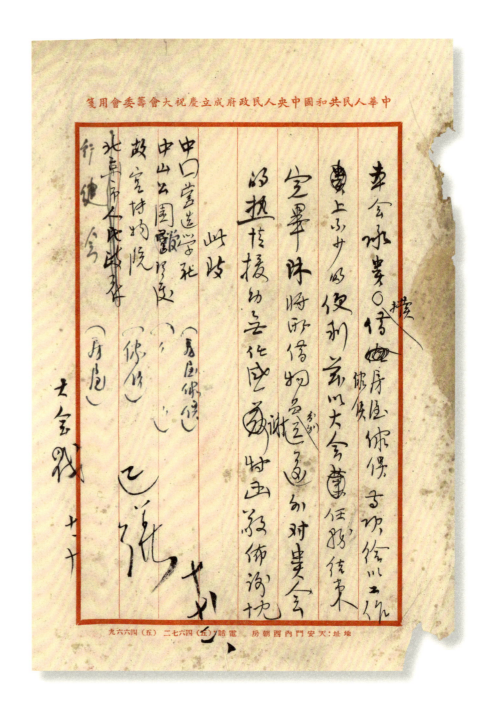

77. 庆祝大会筹委会为准备结束工作并召开总结检讨大会事致布置处、政协秘书处等各部处函稿

（1949年10月14日）

大会全部工作业经分别结束完毕，兹定于本月十五日下午二时在解放饭店（崇文门内大街）举行工作总结并作检讨，即请贵 参加大会负责人准时莅临是荷。

此致

敬礼

启

十月十四日

布置处张致祥同志一份

晁锦文

指挥部唐永健一份

萧松同志一份

宣传部李乐光同志一份

华北人民政府董副秘书长一份

华北局平秘书长

政协秘书处齐燕铭同志

市委彭真同志

刘仁同志

谭政文

市府聂市长

薛秘书长

佘处长

建设局

卫生局

公安总队

78. 庆祝大会筹委会为举行工作总结事致布置处张致祥函

(1949 年 10 月 14 日)

布置处张致祥同志:

大会全部工作业经分别结束完毕,兹定于本月十五日下午二时在解放饭店(崇文门内大街)举行工作总结并作检讨,即请准时莅临出席是荷。

此致

敬礼

启

十月十四日

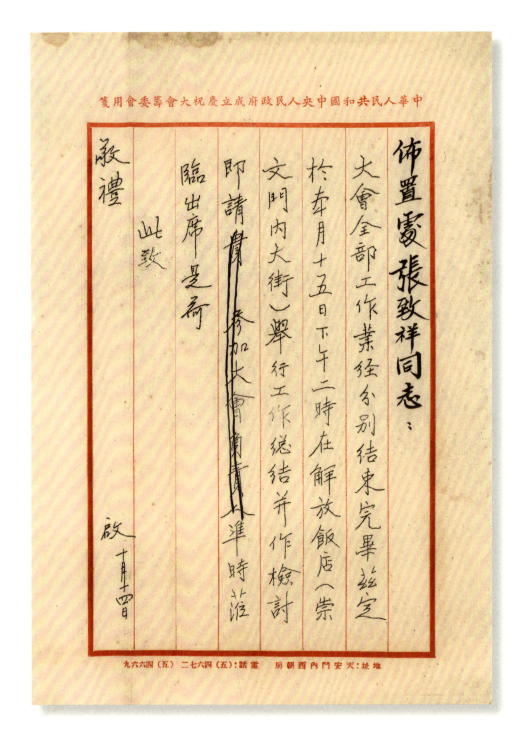

79. 庆祝大会筹委会会计部分交代清册

(1949 年 10 月 23 日)

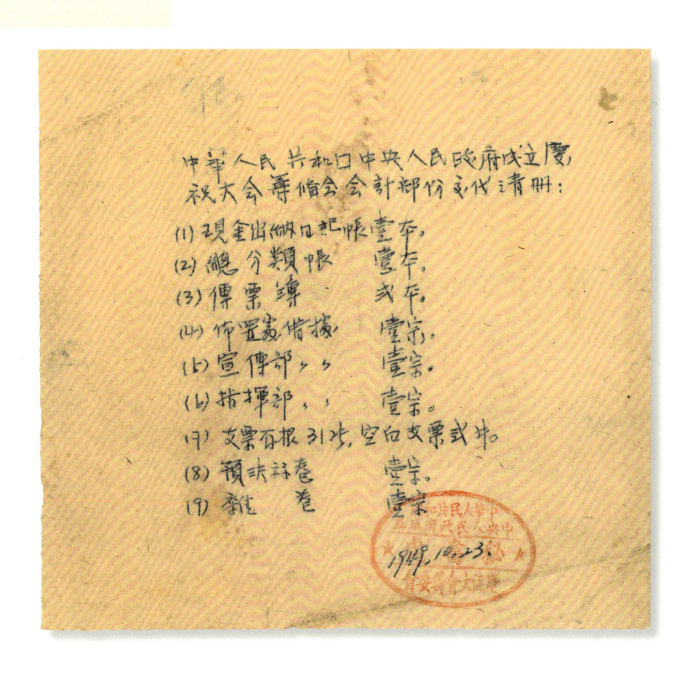

中华人民共和国中央人民政府成立庆
祝大会筹备会会计部份交代清册：

(1) 现金出纳日记账 壹本.
(2) 总分类账 壹本.
(3) 传票簿 贰本.
(4) 布置处借据 壹宗.
(5) 宣传部 " " 壹宗.
(6) 指挥部 " " 壹宗.
(7) 支票存根 31 张, 空白支票贰张。
(8) 预决算卷 壹宗.
(9) 杂卷 壹宗.